中华传统文化普及丛书

中国思想浅话

三喜题

北京尚达德国际文化发展中心　组编

中国人民大学出版社
·北京·

中华传统文化普及丛书

总　　序

感谢“中华传统文化普及丛书”的出版！它以历史巨人的眼光俯视古今，这对于复兴中华、古为今用是功不可没的。

本套丛书包蕴广博、涉猎天下。

首先，历史是一面宝鉴，它以独特的真实照耀古今，从而清醒地记录了人类的文明。

中华文明历经数千载，以德风化育子孙，高度认可人类文明的血缘性。以“孝亲敬贤”为核心的民俗，流成永恒的智慧清泉，润泽着后人的心田。

中华文明世代相传，骨肉亲情诞生了仁德的孝亲制度，使中国成为礼仪之邦，友善外交也在历代传承不断。今日中国“一带一路”的外交国策不也充满了我们与邻邦之间互助、友爱的仁德之善吗？

当科技文明的新潮涌来时，人人皆知上有天文，世用医道，农田城建、数据运算，何处不“工匠”？本套丛书溯本追源，力述大国工匠的初心，向今人展示中华科技成就的璀璨，弘扬科技创造，鼓舞万众创新，以实事求是的精神推动社会生产力的发展。

中华民族是龙的传人，早在中华文明的摇篮期就孕育了“美丽中国梦”。在先祖博弈大自然时，就出现了原始文化群体。既有夸父逐日之神，也有女娲补天之圣。古人在希望与奋斗中，唤起人类生存的能量，充满了胜利与光明。这不正是民族自信的理想之光？

“天行健，君子以自强不息”的积极精神引导着“中国模式”

的当代实践，正是“美丽中国梦”的千古传薪！

自信与创新是“梦”之真魂。中国汉字、文学、书法、绘画、音乐等，也都在承前启后，以百花盛开之势，铸魂“中国梦”。

春秋战国时期，诸子蜂起，百家争鸣，先哲们各以其经典问世，成就了中华信仰文明——儒、道、兵、法等家，后有佛教传入，皆为中华信仰及思想之根。

人民是历史的主人，中华文化是中华各族人民共同创造的。纵观历史，不忘初心，继续前进。感谢各位专家奉献各自的智慧，普及中华传统文化的精华，造福读者。感谢编委们历尽辛劳，使群英荟萃，各显其能。

本套丛书尊重历史，古为今用；内容丰富，深入浅出。有信仰经典之正，有文韬武略之本，有科技百花之丰，有人文艺术之富，“正本丰富”可谓本套丛书的编写风格。

祝愿读者在“中华传统文化普及丛书”中，取用所需，传播社会，在世界文明的海洋中远航，使中华芬芳香满世界。

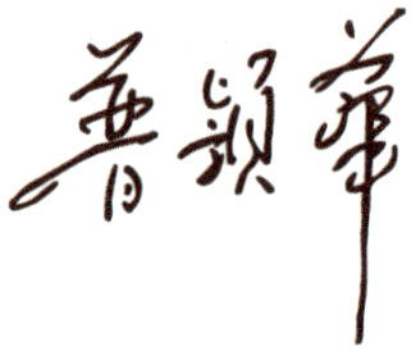

编写说明

中国是四大文明古国之一，我们的祖先创造了辉煌而丰厚的文化，无论是文学艺术还是科学技术，其文明成果至今都令世人惊叹不已。英国著名历史学家汤因比曾经说过："世界的未来在中国，人类的出路在中国文明。"中华民族数千年来积累的灿烂文化，积淀着中华民族最深沉的精神追求，是中华民族生生不息、发展壮大的丰富滋养，亦是我们取之不尽、用之不竭的思想宝库。

让广大青少年在轻松愉悦的阅读中获得传统文化的滋养，以此逐渐培养他们对中华优秀传统文化的自信心、敬畏心，为未来国家的主人公们奠定创新的基石，是我们的夙愿。为了让读者尤其是广大青少年能有机会较为系统地了解璀璨的中华文明，感受中华民族文化内涵的博大精深，我们特邀数十位相关领域的权威专家、学者为指导，编写了这套"中华传统文化普及丛书"。

本套丛书包括《中国思想浅话》《中国汉字浅话》《中国医学浅话》《中国武术浅话》《中国文学浅话》《中国绘画浅话》《中国书法浅话》《中国建筑浅话》《中国音乐浅话》《中国民俗浅话》《中国服饰浅话》《中国茶文化浅话》《中国算学浅话》《中国天文浅话》，共十四部。每一部都深入浅出地展现了中华传统文化的一个方面，总体上每一部又都是一个基本完整的文化体系。当然，中华文化源远流长、广博丰富，本套丛书无法面面俱到，更因篇幅所限，亦不能将所涉及的各文化体系之点与面一一尽述。

本套丛书以全新的视角诠释经典，力图将厚重的中华传统文化宝藏以浅显、轻松、生动的方式呈现出来，既化繁为简，寓教于乐，也传递了知识，同时还避免了枯燥乏味的说教和令人望而生畏的精深阐释。为增强本套丛书的知识性与趣味性，本套丛书还在正文中穿插了知识链接、延伸阅读等小栏目，尽可能给予读者更丰富的视角和看点。为更直观地展示中华文化的伟大，本套丛书精选了大量精美的图片，包括人物画像、文物照片、山川风光、复原图、故事漫画等，既是文本内容的补充，也是文本内容的延伸，图文并茂，共同凸显中华文化各个方面的历史底蕴、深厚内涵，既充分照顾了现代读者的阅读习惯，又给读者带来了审美享受与精神熏陶。

文化是一个极广泛的概念，一直在发展充实，多元多面、错综复杂。本套丛书力求通过生动活泼的文字、精美丰富的图片、精致而富有内涵的版面设计，以及富有意蕴的水墨风格的装帧等多种要素的结合，将中华传统文化中璀璨辉煌的诸多方面立体地呈现在读者面前。希望让读者在轻松阅读的同时，从新视角、新层面了解、认识中华传统文化，以增强文化自信；同时启迪思考，推动我们中华优秀传统文化的传承、复兴和创新发展。

前　言

法国著名物理学家、哲学家帕斯卡曾经说过：“人只不过是一根苇草，是自然界最脆弱的东西。但他是一根能思想的苇草……我们的全部尊严就在于思想。”是的，脆弱的人类之所以是伟大的，就在于他们拥有着其他万物所没有的、最为宝贵的财富——思想。中国是拥有五千年历史的文明古国，我们的祖先从远古的蒙昧中觉醒时，便开始了对自然与本身的思考与探索。后人将他们的所思、所得代代相传，期间又经过了历代贤哲不断的发展和总结，终于凝成了世界上独树一帜的、博大深邃的中国思想智慧。自古以来，中华民族就是崇尚哲学的，孔子、老子、孟子、庄子等思想家一直都是中国人心中最为敬重的几位古人。中国的哲学早已于不知不觉间渗透到我们的文化、艺术、生活等各个方面，例如：端庄中正的楷书体现了儒者“主敬”的态度，飘逸抽象的写意画显示了道家对“形迹”的轻视，平和安舒的太极拳则展示了古人对“阴阳平衡”的追求。或许你会想，这些东西大概太深奥了吧？不用担心，不妨静下心来继续翻开这本书的下一页，读着读着，也许你思想的闸门会突然开启，一切都豁然明朗……

目　　录

第一章　追溯

古老的中国历尽沧桑，灿烂的文明闪耀辉煌，数千年来，无数的哲人将这条思想的道路照亮；数千年来，无数的继承者在这块思想的土壤上成长。中华的思想史源远流长，至于那源头究竟藏在何方，人们却早已渐渐模糊，渐渐遗忘。“溯洄从之，道阻且长，溯游从之，宛在水中央。”让我们以好奇为风帆，以思辨为船桨，奋力向上，向上，追溯至华夏文明的滥觞。

一、先王的智慧

古者包羲氏之王天下也，仰则观象于天，俯则观法于地，观鸟兽之文与地之宜，近取诸身，远取诸物，于是始作八卦。

——《易传》

此句大意：远古时候伏羲为天下之主，他仰观天象，俯察地势，又研究飞禽走兽的脚印和身上的花纹，从自身和外物身上获得启发，发明创作了八卦。

相传，中华民族的始祖是伏羲。传说中的他，人首蛇身，从风中而生，以龙为图腾，以风为姓。

据说他曾发明渔网，又最早开始对动物进行驯养。然而，伏羲最大的功绩当数创立八卦。他注意到，天上日月星辰的排列和运行都是有规律的，地上山川平原的位置和方向也是有法度的，而在动物和人的身上也始终存在着万变不离其宗的规律。他将这些规律进行了总结，选取天、地、雷、山、火、水、风、泽等具有代表性的自然事物，以此为参照，画出了乾、坤、震、艮（gèn）、离、坎、巽（xùn）、兑（duì）八个卦象。八卦不仅可以象征和指代自然界和社会生活中存在的种种事物，其中更蕴含着深刻的哲学思想。例如八卦中的艮卦，通常可指代自然环境中的高山、建筑物中的大门、人群中的少男、动物中的狗等，同时还具有“停止”“保守”“知足”等深刻的哲学含义。可以说，这八个卦象，是从大千世界中精炼、提取出的最抽象的哲学概括。

伏羲、女娲图

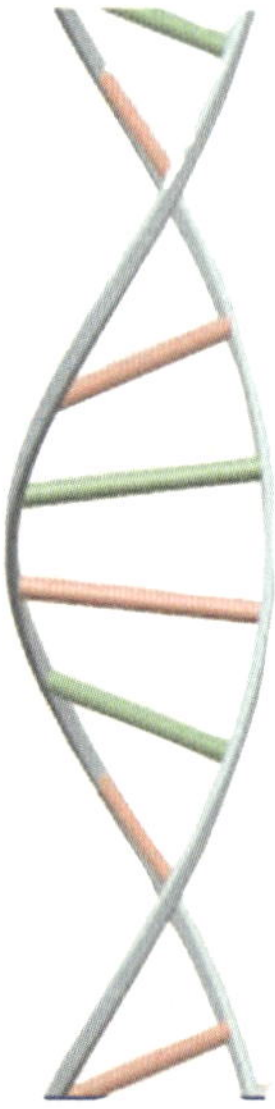

DNA 反向双螺旋结构图

左图中男女为传说中的人类始祖伏羲和女娲，他们人首蛇身，螺旋相交。在 1953 年遗传因子 DNA 反向双螺旋结构被测出之后，人们惊奇地发现，它竟然与神秘的伏羲、女娲图如此相像！科学与神话再一次出现了惊人的巧合。

伏羲画出的八卦，经过后世周文王的排列组合，共衍生出了八八六十四卦，再加上后人给卦象作的注释，合编成书，就是今天我们看到的《周易》。《周易》是中国古人解释宇宙结构和起源、探索事物运动变化规律的思想总结，是古代汉民族思想、智慧的结晶。它内容极其丰富，对中国几千年来的政治、思想、军事、天文、算术、医学、文学等各个领域都产生了极其深刻的影响。尽管其内容古奥晦涩，但历来都被认作研究中华思想文化、探究人生哲理的必读之书，被誉为“千经之首”。孔子晚年一直在潜心研读《周易》，已经达到痴迷的程度，对其爱不释手，反复琢磨，以致将编连竹简用的熟牛皮绳子（古时候书籍由竹简组成，用熟牛皮绳将其串联起来）都磨坏了好多次。孔子对《周易》给予了高度的评价，他说：“如果再给我几年时间将《周易》学完的话，那么我就可以做到在为人上没有大的错误了。”

八卦

二、王子的创举

山不厌高，海不厌深。周公吐哺，天下归心。

——曹操

商朝末年，当时的统治者纣王相信，自己作为君主统治万民的权力是由上天赋予的，永远也不会被动摇。因此他有恃无恐，整日沉湎于酒色，对待天下百姓十分暴虐。黎民因此困苦不堪，怨声载道。此时，偏处西北的周国，在君主周文王的领导下已经日渐兴起。周文王推行德政，求才若渴，重视对百姓的安抚和教育，韬光养晦数十年，意图在时机成熟之际一举推翻商王朝的残暴统治。在伐取密国、崇国等周围的敌对国家之后，周国成为了当时中国西部的霸主，形成了“三分天下有其二”的强盛局面。文王去世后，其子武王姬发继承了他的事业，在进行了充分的准备后，同太师吕尚（即姜子牙）等肱股之臣，联合众多诸侯，在牧野与商纣的军队进行了大决战。当时殷商军队人数虽多，但由于君主纣王不得人心，将士们于临阵之际纷纷倒戈，转而支持周国。很快，周朝军队即取得了压倒性的胜利，并迅速攻下了当时商朝的都城朝歌。纣王见大势已去，自己成了真正的孤家寡人，绝望之下，登上鹿台放火自焚。临死前，一直迷信鬼神的他仍然

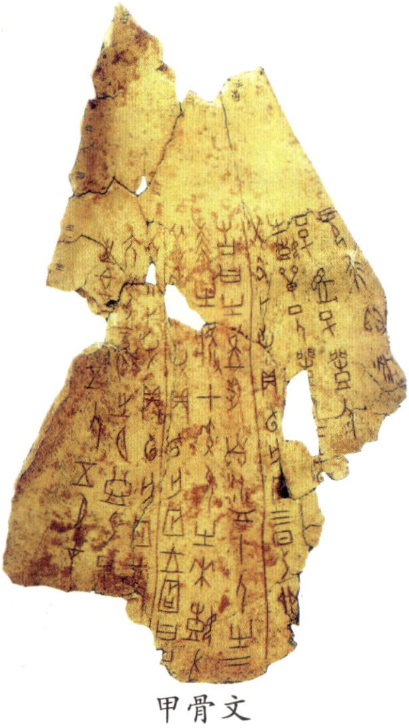

甲骨文

殷人对于鬼神极为迷信，近代重现于世的甲骨文，绝大多数都是对卜筮和祭祀活动的记录。

执迷不悟，仰天长叹道：“难道我不是天命所归的吗？怎么落到了这个地步？”

曾经煊赫一时的商朝灭亡后，周武王成功地登上了天子之位。然而，周王朝的统治却还远没有得到巩固。殷商的残余势力依然十分庞大，周朝内部也存在着诸多不稳定因素。当时，一切尚处于草创时期，大小事情都离不开周武王的主持和裁决。然而春秋鼎盛的武王姬发，却在此时突遭厄运，重病不起。临死前，他将整个国家和尚在襁（qiǎng）褓中的儿子托付给他的四弟姬旦，嘱咐姬旦继承父兄的遗志，稳定好刚刚取得政权的王国。

武王去世后，年幼的成王即位，旦则以太宰（相当于相国）的身份摄政，辅佐尚不能理政的成王。由于旦的封地在周地，因此被世人称为“周公”。此时，王国中的政事无论大小悉由周公决定，这不禁引起了周武王其他几个兄弟的不满。其中，管叔鲜（武王三弟）和蔡叔度（武王五弟）联合纣王的儿子武庚，借助商朝遗老遗少的势力发动了叛乱；远在王国东部的淮夷也在此时与之共同举兵，遥相呼应。面对如此紧张的局势，周公不得不穿上戎装，亲自兴兵东征。王师出征后所向披靡，连战连捷，很快荡平了叛军。之后，周公乘胜追击，一举征服了东方的徐国、奄国等以前不臣服周朝的国家。周王朝在中原和东部的统治因此得到了巩固，四方小国摄于周公军队的强大战斗力而纷纷来朝归顺。

周公旦画像

东征归来的周公旦虽取得了胜利，却陷入了更深的思考当中：君主的地位是上天赋予的吗？大概是的。那么为什么纣王又会沦落到身死国灭的下场？纣王不修德行，虐待百姓，惹怒上天，上天因此剥夺了他的天子之位。因此，国君和他的王国如果想要长久地获得上天的福佑，就必须修养德行、爱民如子。

常棣之华

常棣之华，鄂不韡韡（wěi），凡今之人，莫如兄弟。

（常棣花开耀眼明，花萼花蒂同根生，试看如今世上人，没人能比兄弟亲。）

死丧之威，兄弟孔怀。原隰（xí）裒（póu）矣，兄弟求矣。

（死亡威胁最可怕，只有兄弟最关心。假如地震山川变，只有兄弟来相寻。）

脊令在原，兄弟急难。每有良朋，况也永叹。

（鹡鸰流落在高原，兄弟着急来救难。平日虽有好朋友，见你遭难只长叹。）

兄弟阋（xì）于墙，外御其侮。每有良朋，烝也无戎。

（兄弟在家虽争吵，外敌来时同抗暴。平时虽有好朋友，事到临头难依靠。）

丧乱既平，既安且宁。虽有兄弟，不如友生？

（死丧祸乱既平靖，一家生活也安宁。那时虽有亲兄弟，反觉不如朋友亲。）

傧（bīn）尔笾豆，饮酒之饫（yù）。兄弟既具，和乐且孺。

（大碗小碗摆上来，又是喝酒又吃菜。兄弟已经都来齐，家宴和乐又亲爱。）

妻子好合，如鼓瑟琴。兄弟既翕，和乐且湛。

（情投意合妻子好，弹琴奏瑟同到老。兄弟感情既融洽，和睦相处乐陶陶。）

宜尔室家，乐尔妻帑（nú）。是究是图，亶（dǎn）其然乎？

（妥善安排你家庭，妻子儿女喜盈盈。认真考虑细思量，此理是否很分明？）

（译文选自程俊英《诗经译注》）

此诗选自《诗经·小雅》，为周公感伤兄弟失好、管蔡被诛而作，意在劝诫人们重视手足亲情，兄弟之间当相亲相爱。

周公之子伯禽即将前往封地鲁国，周公在临别之际告诫他：“我作为文王之子、武王之弟、成王之叔父，对全天下人来说地位应当不算低了。但我却常常洗一次头三次握干头发，吃一顿饭三次吐出正在咀嚼的食物，赶忙起来接待贤士，即便如此，还怕失掉天下贤人。你到鲁国之后，可千万不能因有国土、爵位就傲慢地对待别人啊！”这就是成语“周公吐哺”的来历，他对儿子的这一番谆谆教诲，也被认为是中国历史上最早的家训。

然而仅仅如此还不够，周公清醒地意识到，国家要想长治久安，因循商朝旧有的制度是行不通的，必须建立起一种新的社会秩序。他认为，从周天子到各国诸侯、大夫、士以及庶民，每个人的身份地位都不相同，其获得的权利和所承担的责任也必定随之不同，所以，人们在自身行为和日常生活中，也应该根据自己的身份体现出这种不同。于是，周公着手对人们的问候方式、祭祀过程、嫁娶制度、丧葬程序、衣服式样、饮食种类、住宅规模等方方面面，设计出了一套规则，称之为“礼”。他认为，只要人们都遵循“礼”的要求去做，社会的秩序就会变得井井有条，王朝的统治也会因而变得有序、稳固。在创制礼法的同时，颇有音乐天赋的周公又创作了一系列乐曲，与“礼”相辅相成：“礼”从外部约束人们的行为，而“乐”则可以直入心灵，在不知不觉间达到陶冶情操、培养美德的效果，因此，后世并称之为“礼乐”。

周公的礼乐思想，千百年前已渗入中华民族精神的最深处，至今在人们的一举一动中，还常常闪烁着它的影子。也正因此，中国被冠以“礼义之邦”的美誉。

在西方的童话故事中，王子无一例外都是相貌俊美、才华横溢的。周公的相貌如何，史书未曾记载，我们也不得而知。然而，他逸群绝伦的才华，则一直令无数后人赞叹。人们赞叹《诗三百》中他脍炙人口的七篇佳作（周公可谓中国历史上第一位大诗人）；人们赞叹他创作的《越裳操》等不朽琴曲；人们赞叹他设计的指南车等精巧发明……周公大概是中国历史上最著名的一位“百科全书”式的人物了吧！

有一次，鲁昭公前往晋国朝拜晋平公。从郊劳（晋国在郊外举行的欢迎仪式）直至馈赠等所有的外交仪式，鲁昭公都做得非常到位。晋平公不禁对鲁昭公刮目相看，他对晋国大夫女叔齐说：“鲁侯很知礼呀！”不料，女叔齐却表示反对。他说，鲁昭公擅长的只是仪式，而不是周礼，“礼”的核心精神绝对不是掌握各种“仪式”的细节，而是要通过“礼”达到协调人事关系、巩固政权、安定世道人心的目的。而鲁昭公根本不懂得治理国家的道理，自己大权旁落，鲁国政治一片混乱，他却把精力用在学习外交仪式上，不过是舍本逐末罢了。

延伸阅读：

1. 曾仕强《易经的奥秘》

该书根据曾仕强教授在CCTV《百家讲坛》的同名讲座整理而成，近年颇受欢迎，是学习《易经》的一本入门书籍。本书语言平易，富有趣味，读者能够轻松地享受阅读，并初步领略蕴藏在《易经》中的古老智慧。

2.（汉）司马迁《史记·鲁周公世家》

该篇为《史记》“三十世家”中的一篇，以大约四分之一的篇幅，较为详尽地记述了周公的生平事迹，描摹生动，形象丰满，是了解周公其人最权威的历史资料之一。

3.（魏）王弼《周易注》

本书为历史上最重要的《周易》注释版本之一，前人曾给予“独冠古今”的赞誉。自唐朝以后，此书一直作为官方教科书而流传于世，是研究《周易》的必读之书。

4.（明）张居正《尚书直解》

《尚书》为上古典籍，儒家“六经”之一。其中《今文尚书》二十八篇中有十二篇与周公直接相关，因此，《尚书》可谓是研究周公思想最重要、最直接的著作。但是，《尚书》极为晦涩，唐朝时对此书即有“佶屈聱牙”的评价，如果没有注释性读物作为辅助，其内容对于今人实在难以领会。明朝大学士张居正的注本《尚书直解》，最初的阅读对象为年幼的皇帝，因此较为浅显简洁，易于理解；尤为难得的是，书中有很多张居正个人深刻的政治见解，价值很高且别具一格。

第二章　站在思想源头的大宗师

“大宗师”一词最早来源于《庄子》，意为：“最值得尊崇、效法的一代大师。”在中国思想史上，能当得起“大宗师”这一崇高称谓的，恐怕寥寥无几，而孔子和老子无疑是其中的佼佼者。孔子是儒家学派的创始人，老子则是道家学派的祖师，他们的思想对中华思想大厦的形成发挥了深远的影响。

一、万世师表

自天子王侯，中国言六艺者折中于夫子，可谓至圣矣。

——司马迁

在公元前563年的春秋时期，曾发生过一场惨烈大战，当时的霸主晋悼公率领晋、齐、宋、鲁、卫等十三国联军大举向南攻打偪（bī）阳国（在今山东台儿庄附近）。联军凭借强大的军事优势，将偪阳国围得水泄不通。然而，弱小的偪阳国却未屈服，反而依靠坚固的城池奋起抵御。联军久攻不下，各国将军们也因此焦虑万分。这时，偪阳国的城门却突然开启，联军见此机会急忙杀入城中。然而，入城后他们才发现，己方陷入了偪阳国的圈套中，于是急忙后撤。不幸的是，守城的军士已砍断了绳子，悬挂的城门眨眼间就将落下。危急时刻，来自鲁国陬（zōu）邑的勇士叔梁纥（hé）赶上前去，竟然用双手将千钧重的城门奋力地高高举起，城中的联军部队乘此机会才得以仓皇逃出。当时一位将军被眼前的景象惊呆了，感叹道：“他的力气简直如同猛虎啊！”

叔梁纥，这位鲁国的大力士，历史对他的记载仅寥寥数笔而已。然而，叔梁纥晚年所生的小儿子，却一直是中国历史舞台上最重要的角色之一。他所提出的思想不仅深深植入中国人的骨髓当中，更远播海外，成为中华文化的代名词。叔梁纥给这个小孩取名叫“丘”，因为他刚出生时脑袋的形状像其父母曾祈祷过的尼丘山，又因其排行第二，故字“仲尼”。后人为了表示尊重，通常不会直呼其名，更多地称之为“孔子”。

孔子，名丘，字仲尼，春秋时鲁国陬邑人，中国古代最伟大的思想家、教育家。孔子祖先是宋国人，是殷商的后裔，由于宋国发生内乱，才逃难来到了鲁国。早在幼年时期，孔子的父亲叔梁纥就去世了，因此他一直与母亲颜氏相依为命，生活贫苦艰难。但这种境况却更加锻炼了孔子的品格，后来他曾谦虚地回忆说：“我年少时贫贱，所以才学得了一些鄙陋的才艺。”年轻时的孔子非常好学，寻访过很多老师，甚至曾长途跋涉向老子、苌（cháng）弘等人学习周礼。日积月累，他的博学远近闻名。但是，当时的执政者却并未对他加以重用，仅仅任命他做会计（委吏）、牛羊管理员（乘田）等小官。

唐·吴道子《孔子行教像》

右上方有颂赞语：德侔（móu）天地，道冠古今，删述六经，垂宪万世。

直到五十一岁时，孔子才真

正迎来了他仕途上的“春天”。当时，鲁定公任命孔子为中都宰，仅仅过了一年，中都便呈现出一片欣欣向荣的面貌。很快，孔子便被提拔为司空（掌管水利、建设等事务），不久又升职为大司寇（负责国家的司法、纠察等，地位极高），代理行使宰相权力。

此时的鲁国在孔子的治理之下迅速强大，很快引起了相邻的大邦——齐国的警惕，于是，齐景公以“增进友好”的名义邀请鲁定公在夹谷相会。孔子考虑到当前的齐、鲁两国关系和当时中原各国的政治形势，认为齐国很有可能包藏祸心，便劝说鲁定公应该多加防备，带领足够的军队一同前去。相会后，两国国君敬拜天地，歃（shà）血为盟。仪式结束时，齐国大夫声称要献四方之乐前来助兴，而实际上却准备在乐舞的混乱中劫持鲁定公。

孔子在一旁早已将阴谋冷眼看穿，站出来说道：“两国国君友好相会，怎么可以让夷狄的音乐在此奏响呢？来人，将这几个心怀叵测的乐工处斩！”见此场景，齐国君臣噤若寒蝉，面面相觑，呆呆地立在那里，束手无策。孔子此举不仅保卫了鲁定公的安全，更大大震慑了齐国君臣，使其采用诡计、要挟鲁国的策略全面破产。然而，齐国欺侮鲁国之心不死，在随后两国缔结条约时，齐国又趁机提出了苛刻的条件，意图从外交上占领主动。孔子不卑不亢，利用齐国面临战争、急需盟友的弱点，大胆地同齐国进行周旋。终于，在最后时刻，鲁国成功地将被齐国侵占的汶阳、郓（yùn）、龟阴三地收回，取得了外交上的重大胜利。

春秋时期，礼崩乐坏，王室衰微，各国诸侯无视周天子的权威而擅自征伐。及至春秋末年，各国诸侯的大权也开始旁落，执政的卿大夫实际上掌握了国君的权力。孔子对这种局面感到十分痛心，决定整顿朝纲，使权力按照周公制定的政治制度重新归位。他认为，重整秩序的第一步，就是要将卿大夫统辖地区的坚固堡垒全部破坏，使其在军事上不能再同国君抗衡。这一主张虽然得到鲁定公的支持，但此时的国君早已没有了实权，因此，孔子的政治措施颁布后，遭遇到了前所未有的巨大阻力。首先就是部分家臣的叛乱，他们深深知道，一旦孔子“恢复周制”的政治思想被真正实践，自己先前享有的一切政治权利便将化为乌有。叛军的气焰十分嚣张，因此，孔子立即命令弟子们率领军队火速前往平叛。孔门弟子中从来不乏能征善战之士，子路就是其中最突出的一位，他大败叛军，并一路追亡逐北，直到叛军首领跨越国境、逃到齐国时，才班师回城。就在这次政治改革即将成功之际，大司空孟孙却突然反悔，开始插手阻挠。孔子只得命人率兵讨伐，将孟孙的城池团团围住。然而此城极为坚固，久攻不下，孔子只得无奈罢手。这次政治改革也因此功亏一篑，令人无限惋惜。

孔子此次改革虽然失败，却引起了掌权卿大夫们极大的恐惧。他们从此对孔子处处提防，甚至排挤孔子。与此同时，在与孔子屡次交锋中落败的齐国，也希望鲁国尽快弃用孔子，因此采用各种手段离间其与鲁国君臣的关系。不久后，鲁国举行盛大的祭祀活动，通常情况下执政的大臣一定会分得一块祭肉，意外的是，孔子此次却独独没有。孔子明白，这就是委婉地在让自己离开。临行前，他内心悲伤，感慨自己的主张无法施行，作了一首歌，唱道：“就这样地自在清闲了啊，我将会就这样地度日啊！”之后，他依依不舍地同弟子们离开了他深爱的父母之邦。

离开鲁国后，孔子开始了他为期十四年周游列国的行程，他到过宋、卫、陈、蔡、齐、曹、郑、楚等许多国家。他向这些国家提出自己的政治见解和思想主张，然而无一例外地，没有任何一位国君采纳他的建议。不得志的孔子曾向他的众多弟子发问：“就像《诗经》中说‘不是犀牛啊也不是老虎，然而我却在空旷的原野上漂泊游荡’。你们认为是什么原因使我落到这步田地？是我的思想主张错了吗？”众弟子的回答均表述了自己的见解，孔子皆不以为然。独有颜回的见解与众不同：“先生的理想太伟大了，因此才使得天下哪里也无法容纳。尽管如此，先生您还是坚持不懈地在推行它，不被容纳又有什么关系呢，不被容纳才更显示出您作为君子的伟大！一个人的理想学说不完美，那是自己的耻辱；如果理想学说完美无缺而只是不能被人容纳，那就是当权者们的羞耻了。不被容纳有什么关系，不被容纳才显示出您作为君子的伟大！”孔子听后深表赞许，笑着说道：“真不愧是颜回啊！假如你是执政者，我大概会做你的宰相！”

孔子曰：“回，诗云‘匪兕匪虎，率彼旷野’。吾道非邪？吾何为于此？”颜回曰：“夫子之道至大，故天下莫能容。虽然，夫子推而行之，不容何病，不容然后见君子！夫道之不修也，是吾丑也。夫道既已大修而不用，是有国者之丑也。不容何病，不容然后见君子！”

一路上，孔子和他的弟子们饱尝艰辛，但是他却未曾将这些放在心上，始终以乐观豁达的心态来面对。在宋国的匡地时，匡人把孔子一行人误作曾侵犯此地的敌人，将师徒多人围困数天。匡人层层的刀兵，威胁着众人的性命，阴冷沉重的气氛笼罩在弟子们的心头。孔子却安之若素，淡定而自信地说道：“匡人能把我怎么样呢？”他命令弟子子路抽出佩剑，上前弹剑而歌，而孔子自己则在后面高声应和着，乐声慷慨激越、直入云霄，匡人闻听，不禁大惧，向后撤退而不敢紧逼。师徒二人在将整首曲子不紧不慢地唱了三遍之后，大家才起身离开了这危险之地。孔子曾对弟子们说过：“君子食无求饱，居无求安。”他周游列国，自然没有在意过居处环境是否安逸，而“食无求饱”这一点则在蔡国遇困时体现得淋漓尽致。当师徒一行路过蔡国时，携带的粮食已经一干二净，弟子们都饿得无精打采，孔子却仍然以饱满的热情，坚持为学生讲诵诗书，弹琴唱歌的声音也未曾断绝。

晚年的孔子心中明白，在这个混乱的时代，自己的理想终究不会实现了。他从卫国返回到了阔别多年的故乡鲁国，并暗下决心，要将先代留下来的典籍仔细整理，以使后来者能从中了解并继承前贤往圣的思想。我国最早的诗歌总集《诗经》即在此时成书。孔子将当时流传的三千多首诗歌，删除其中重复、繁杂的内容，选取那些有利于施行教化、能够陶冶情操的篇章，编订成书，共计三百零五篇，故又称之为《诗三百》。孔子对《诗经》多有褒美之辞，不仅叹赏其文句的优美，更认为它是儒家思想的一个重要载体，对学习者有极强的教育意义。他曾对弟子们说过，学习《诗经》可以启发思想、增长见识，在那些思想健康、感情中和的优美篇章陶冶之下，久而久之，人的性情也能逐渐变得温柔敦厚。《诗经》可以使人明白孝顺父母、礼敬君主的人伦道理，还可以使人开阔眼界，成为一个无所不知的博物君子。在孔子心中，《诗经》之益处虽千条万端，但是概括起来一句话就已足够：“思无邪。”

“六经”是指由孔子删定的《诗》《书》《礼》《易》《乐》《春秋》六部儒家典籍，又称为“六艺”。其中，《乐》在战国时期失传，遂只余下五部。“经”的意思为“常”，就是具有恒常意义的典籍。传统的看法认为，经书在所有种类的书籍中地位最高，具有纲领性的意义。

鲁哀公十四年（公元前 481 年）初，鲁国在西方的大野举行了一次盛大的狩猎活动。这次活动中捕获了一只样貌奇特的动物，狩猎的官员不知此为何物，只得前去询问孔子。孔子看见后，悲从心起，用衣袖擦着自己滚滚流下的热泪说道：“这是祥兽麒麟啊！”古时候，人们认为如果见到麒麟、凤凰等祥瑞之兽，就意味着圣贤的道义将风行天下，百姓也会迎来一个富足安乐的太平盛世。然而，孔子看见祥瑞之兽落到这样一种境地，又联想到自己一直以来的郁郁不得志，不禁物伤其类，泣涕沾襟，长叹道：“我的道义终究不会施行于天下了！”

此时，伤感的孔子心中已经有了一个计划，一个寄希望于后人的宏伟计划。他在鲁国史官左丘明的帮助下，遍观鲁国府库中的史料典籍，着手修定了一部编年体史书——《春秋》。《春秋》记载起始于鲁隐公元年，终结于令孔子悲叹的“西狩获麟”事件，前后横跨二百四十二年，后人因此称这一历史阶段为“春秋时期”。在这二百四十二年中，东迁到洛阳的周王室权力日渐衰微，各国诸侯连年征战，从天子到庶人，已很少有人再顾忌自己的行为是否正当、是否合理，各国乱象丛生，“臣弑其君者有之，子弑其父者有之”。孔子将这些历史全部记录下来，以便后人从中认识和领会到扬善弃恶的教训和他平生所倡导的儒家思想。这部著作寄托了孔子最核心的伦理思想和政治见解。他修订《春秋》所用的文辞极为严谨，以至于在去世之后，子夏等弟子们在书中完全不能加入、改动哪怕一个字。这部书对后世影响极大，书中所表达的价值观在几千年来，一直被中国人奉为道义判断的最高准则。因此，后人在评价这部书时赞叹道：“非圣人谁能修之！”

一个洒满阳光的午后，已经疾病缠身的孔子拄着拐杖在门外踟蹰，这时，一直忙于出使四方的弟子子贡终于回来了。孔子远远望见，情绪十分激动，说道：“赐啊，你为什么才回来啊！”紧接着，已经预感到大去之期不远的孔子，哀伤地对子贡唱了一首歌：“泰山快要崩塌了啊！梁柱就要折断了啊！哲人也将如花儿般萎谢了啊！”

公元前 479 年 4 月 11 日，孔子去世，享年七十三岁。

孔子以周公为偶像，一生都在呼吁当时的统治者恢复周公所制定的礼乐制度。可是，当时的政治局面已经混乱不堪，要想达此目的绝非易事。尽管政治改革千头万绪、难以一蹴（cù）而就，但孔子认为还是可以抓住重点、逐步完成的，最开始的第一步就是“正名”——确定名位，使名实相符。《论语》中的一段对话可以作为这一思想的最好注解。子路问孔子：“卫国就要任命您来主持政事了，您的第一步措施将会是什么呢？”孔子说：“一定是正名啊！”子路听后很不以为然：在如此混乱的世道中，却采用这样不切实际的政策，实在是太过迂腐。孔子解释道：“名不正则言不顺，言不顺则事不成，事不成则礼乐不兴。”也就是说，名实相符是为政治国的首要步骤，也是恢复礼乐制度的必由之路。

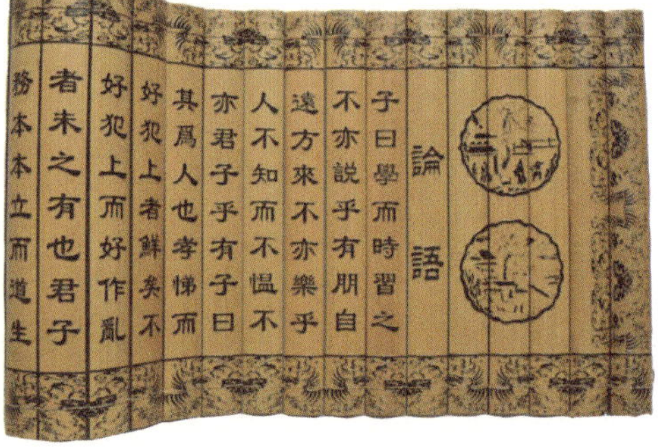

《论语》

《论语》由孔子的弟子及其再传弟子编写而成，主要以语录形式记载了孔子及其主要弟子的言行，语言精练，常常仅用寥寥数语就将孔子的风采捕捉下来。《论语》早在汉朝以前就得到了儒者的重视，被儒生置于与六经并列的地位。

《孔子圣迹图·杏坛礼乐》（明彩绘绢本）

《孔子圣迹图·夹谷会齐》（明彩绘绢本）

在此基础上，孔子提出了“仁”的思想概念。这一概念后来渐渐变成了历代儒者手中高举的旗帜，也成了儒家思想区别于其他诸子百家思想最显著的特征。“仁”的内涵极其丰富，属于包含多种德行的一种最高观念，是几乎一切优秀道德品质的结合体。对于它，人们很难给出一个具体的定义，但是又不得不时常提起、强调。当孔子最为得意的弟子颜渊提问“何为仁”时，孔子答道：“克己复礼为仁。”意思是说人能够克制自己，使自己的思维、言语、行为都合乎礼的要求，而不是任性而为，那就是“仁”了。每个人，在生命中的时时刻刻，都不应当放松自己对道德的追求，即使在颠沛流离之时、仓促无备之际，也应当将“仁”放在心上，绝不可因为外部环境的艰难就轻言放弃。有人曾经作过统计，在《论语》短短二十篇中，“仁”字竟然出现了一百零九次之多，足见其在孔子思想体系中举足轻重的地位。

孔子曾经对弟子曾参说：“参啊！我的学说是由一个基本思想贯穿起来的。”曾子说：“是。”孔子出去以后，学生们不解，纷纷问曾子："老师的话是什么意思呢？" 曾子回答道："老师的学说，就是'忠'和'恕'罢了。""忠恕之道"是孔子思想的重要组成部分，他认为，这是践行"仁"学、修养道德的重要手段，与终极"大道"颇为接近。"忠"意为"诚心尽力"，"恕"意为"推己及人"，忠恕之道的内涵就是：人的心中应当有一把标尺，这个标尺就是自己的为人之道与处事原则，我们可以用这个标尺来衡量别人的种种行为，从而比对、判断自己的所作所为是否合理。例如，在要求子女孝顺自己的时候，我们应当将"孝顺"作为标尺，反省自己："我是否对自己的父母已足够孝顺？"在要求朋友真心相待的时候，也应该想到："我自己是否首先做到了这一点呢？"反过来讲，就是孔子多次强调的"己所不欲，勿施于人"——自己不愿承受的，也不可以施加给别人。

孔子始终坚持"有教无类"的教育思想，不论贵贱、贫富、老幼，只要献上极其微薄的见面礼，愿意真心实意地跟从老师认真学习，孔子一律纳入门中。他一生诲人不倦，弟子多达三千余人，其中学业有成、通达六艺的贤能弟子有七十二人，这些弟子或果敢，或通达，或淡泊，或敦厚，性格各异。孔子对他们采取因材施教的方法，循循善诱。正因为每个学生都是不同的，所以孔子教授的学问也不一致，以至于面对不同学生的同一个问题时，孔子给出的答案常常迥然不同，甚至截然相反。勇敢莽撞的子路问孔子："听闻了道理之后应当立刻落实到行动中吗？"孔子说："你还应当考虑家人的感受，怎么能立即就实行呢？"胆小细致的冉有也问了这样一个完全相同的问题，孔子却说："确实应当立刻去实行！"

"儒者，濡也，以先王之道能濡其身。"这是汉朝学者郑

孔门十哲：指孔子门下最优秀的十位弟子，儒家学派早期的代表人物。通常按照“德行”“政事”“言语”“文学”四个方面划分类别。德行：颜渊、闵子骞、冉伯牛、仲弓；言语：宰我、子贡；政事：冉有、子路；文学：子游、子夏。颜回，字子渊，颖悟过人又能安贫乐道，为孔子平生最得意的弟子，被孔子心许为其思想最重要的继承者，可惜不幸早死，孔子悲痛欲绝。仲由，字子路，为人豪爽正直，英勇果敢，是孔子最忠诚的拥护者和追随者，但性情较为鲁莽，孔子因此曾多次给予不留情面的批评。端木赐，字子贡，早年经商，成为当时巨富，他聪明通达，能言善辩，是孔子晚年最重要的弟子，在孔子去世后，他曾在孔子墓旁守丧六年乃去。卜商，字子夏，在孔子去世后进一步整理典籍，并在魏国将儒学发扬光大，赢得当时人们的景仰，以致有人将其误作孔子。

玄给“儒”字下的定义，就是说，儒家学派最主要的特征就是：以先王遗留的道德传统润泽身心，提高自我修养。孔子说，我从十五岁就立志向学，三十岁能够自立，四十岁不被外物所迷惑，五十岁知晓天命，六十岁能正确对待各种逆耳言论，直到七十岁才真正做到在随心所欲的同时不越出规矩。从十五到七十，历经漫漫五十余年的涵养与砥砺，孔子才终于成为一个具有完美德行的君子。这条走了一生的路，就是“君子之道”。君子，原指处于高位的贵族统治者，但是孔子赋予了这个词更为深刻的含义。他认为，君子与小人不是简单依靠血统和出身来划分的，二者之间还存在着一个更为重要的衡量标准——是否具有完美的品德，只有具备完美德行的人才真正配得上“君子”这一称谓。孔子曾多次对弟子们强调：要加强修养，做一个有才有德的“君子儒”，切不可成为只知道咬文嚼字的“小人儒”。因此，自孔子以后的历代儒者，无不重视对内心的反省，终生追逐着成为“君子”这一美好的理想。

孔子去世几百年之后，来自长安的青年官员司马迁到孔子的故乡曲阜游览。庙堂上的车服礼器摆放有序，众多儒生聚集在那里习练礼乐，场面恢弘庞大，雍雍肃肃——眼前这一切，使青年司马迁内心感到无比震撼，久久地徘徊流连，不愿离去。多年以后，在他写下的不朽巨著《史记》中，司马迁评价道：孔子的品行才学就像高山一样令人仰望，让人无限地向往和崇敬。与孔子同时的王侯将相不知道有多少人，当时高官厚禄、风光无限，死后一切化为乌有。而孔子一介布衣，他的思想却能在身后流传下去，成为天下学者的宗师，真可以称得上是最伟大的圣人啊！

司马迁（约公元前145—前87），字子长，我国西汉伟大的史学家、文学家、思想家。汉武帝时任郎中、太史令、中书令，所著《史记》是中国第一部纪传体通史，被鲁迅称为“史家之绝唱，无韵之离骚”。

二、谜之仙君

鸟，吾知其能飞；鱼，吾知其能游；兽，吾知其能走。走者可以为罔，游者可以为纶（lún），飞者可以为矰（zēng）。至于龙，吾不能知其乘风云而上天。吾今日见老子，其犹龙邪？

——孔子

这句话的意思是：鸟，我知道它能飞；鱼，我知道它能游；兽，我知道它能跑。对付跑的可以用网捕，对付游的可以用线钓，对付飞的可以用箭射。至于龙，我不知道它是如何乘着风云而上天的。我今天见到了老子，他就像龙一样。

《西游记》中有这样一个人物：他穿着一袭道袍，胸前白须飘飘然，手中把着拂尘，一副仙风道骨的样子；他法力高深莫测，曾经用金钢琢击昏大闹天宫的孙大圣；他精通炼丹术，八卦炉中的仙丹只需一颗，就足以让人长生不老。他就是太上老君，天庭众仙中最重要的人物之一。然而，《西游记》不过是一部离奇的神话小说，太上老君这一形象真的确有其人吗？对此可以肯定地回答：有的，春秋

太上老君用金钢琢砸美猴王

时期的思想家老子即其原型。

老子虽然没有腾云驾雾的本事，也不能炼出使人长生不老的仙丹，但却是一位拥有大智慧的哲学大师。他一生淡泊名利，对于世间的俗事很少流连，大多时候都仅仅是飘然而过，不留踪迹。因此，老子其人的生平行状，也就成为了一个又一个难以解开的谜团。他本无意被别人所了解，更无心被后人所记住，但越是如此，人们越痴迷于这种神秘，苦苦探索、不肯罢休。有人说，老子是楚国的老莱子，为人非常孝顺，有“老莱娱亲”的典故流传；有人说，老子是战国中期的周太史儋（dān），知识渊博，甚至能够预见未来；还有人说，老子是一个长着大耳朵，一出生就满头白发的神童……众说纷纭，莫衷一是。然而，循着历史中尚存的一些蛛丝马迹，我们还是能够找到一些关于老子的较为可靠的信息。

老子为楚国苦县人，姓李名耳，字伯阳，曾做过周守藏室史，相当于当时的国家图书馆馆长，主要负责掌管史册典籍。孔子年轻时，久慕老子博学的大名，曾经从鲁国前往周朝的首都洛阳，谦恭地向老子请教周礼的相关知识，并从老子身上领悟到许多人生、宇宙的大智慧。晚年的老子，眼见周王室日渐衰微，本就无意仕途的他，便骑上青牛，离开东周，优哉游哉地缓缓向西而去，从此隐逸山林，不

老子出关

知所终。在途中经过函谷关时，守卫关隘的关尹喜听闻老子是位圣人，便拦住老子道："听说您从此之后就要隐居起来了，您那充满了大智慧的思想从此便再没有人能够了解了，这实在令人感到可惜。因此，我请求您，务必要将您的思想在通过关口前记录成书，使后人能够借此得以见识这高深精妙的道理。"老子不得已，只得满足他的意愿，将平生心得化为竹简上的五千余字，分之为上、下两篇，这就是后人所说的《老子五千文》，简称《老子》，又名《道德经》。

《老子》一书语言极为精炼，其中所寓含义却无比深邃宏富，多有迥异寻常思维的精辟见解。越是品读，就越觉得奥妙无穷，令人不禁击节叹赏。例如，"五色令人目盲；五音令人耳聋；五味令人口爽；驰骋田猎，令人心发狂；难得之货，令人行妨。是以圣人为腹不为目，故去彼取此。"意即，缤纷的色彩，使人眼花缭乱；嘈杂的音调，使人听觉失灵；丰盛的食物，使人口味败坏；纵情狩猎，使人心思放荡；稀有的物品，使人行为不轨。因此，圣人的主张是：只求满足实际需要，而绝不贪求耳目的愉悦。此段文字，不仅如诗歌般回转往复、朗朗上口，更将老子"寡欲"的哲学思想表露无遗。老子认为，人们过于追求外部的享受，以致于那些真正决定人生质量的东西反而被人们忽略了。美丽的外表、优美的音乐、充满刺激的娱乐，这一切除了能带来短暂的快乐外，还有什么呢？不过是虚无罢了。人们真正应该做的，是减少、淡化自己的欲望，更多地将注意力用于解决实际问题。

相传，老子的老师叫常枞（zōng）。有一次，老子向他请教：什么才是最重要的道理？年迈的常枞张开口，对老子说道："你看我的舌头还在吗？"老子答道："在呢。"常枞又问："那牙齿呢？”老子说：“都掉光了。”随即，他恍然大悟：舌头仍然存在，是由于柔弱而得以保全；牙齿容易损坏，归因于刚强使它不断遭受磨损。正因如此，“贵柔”“不争”这一思想贯穿于《老子》全书始终。他说：“上善若水，水善利万物而不争。”水具有最好的美德，一直默默地滋润着万物，却始终处在下方的位置，从来不会去抢占上位。水是最柔弱的，然而，世界上最坚硬、尖锐的东西也不能对它有丝毫的伤害；另一方面，水通过不断地冲击和侵蚀，能将坚硬的石头都磨穿。做人也当如此，当遇到困难的阻碍时，不必直来直去地进行正面的碰撞，这样很容易使自己受到伤害，而应当理智地迂回过去，从另一个方向去实现自己的目标。

老子的政治思想，可以用他书中的一句话来粗略地概括：“无为而无不为。”老子说：“以正治国，以奇用兵，以无事取天下。”“无事”就是无为，指国家的执政者不要总是好大喜功，整日频繁地发号施令，时而悬赏鼓励，时而严刑禁止，使得人们终日被政策牵着鼻子走，不能专心发展自己的产业，长此以往，整个国家也会随之逐渐凋敝。他认为，治理一个很大的国家，应当像烹煮一条小鱼一样：入锅之后不要老是翻动，这样极容易将鱼搅碎。执政者在治国时，应当时刻小心翼翼，不可轻动，尽量不去干扰百姓的常态，而应由百姓按自己的意志去生活、工作，只有如此，国家才能变得强盛富足。

后世多将以老子为代表的、主张“崇尚自然，清静无为”等思想的哲学家合称为“道家”，将他们的思想称之为“道家思想”。这一思想与孔子主张的儒家思想相反相成，就像《易传》所说的：“一阴一阳之谓道”，在以后的数千年中，这两股思想共同构成了中国人的哲学世界。

道家思想玄远难明，很少有统治者真正信奉其主张。对此，老子早已了解，且丝毫不以为意，他曾说：“知我者希，则我者贵。”实际上，老子的思想并非不能用之于生活实践，甚至，在治国理政方面，这种“无为而治”的思想还曾经在历史上大显身手。

西汉初年，刚刚战胜项羽、打下江山的刘邦，当上了大汉朝的皇帝。但是，他却惊讶地发现，偌（ruò）大的帝国，由于多年的战乱，民众早已离散四方，田园荒芜，全国一派凋敝、凄凉的景象。于是，他听从相国萧何的建议，无为而治，休养生息，尽量避免颁布法令干扰民众的生产生活，更取消了各种各样的苛捐杂税。渐渐地，曾经逃难在外的流民回到了自己的家乡，重新开垦田园，耕种庄稼；不再受朝廷压制的商人也开始在各个名都大邑的市场上买入卖出。萧何去世后，继承相位的曹参更是信奉道家的治国思想，沿袭前任遗留下来的清静无为的政策——后人称之为“萧规曹随”。就这样，历经大约半个世纪，大汉帝国百废俱兴，人们安居乐业，国家府库中的粮食由于吃不完而堆积发霉，铜钱也由于穿绳腐朽而散落一地、无人收拾。汉文帝、汉景帝统治的时期因此成为了中国历史上最为富裕的时代之一，史称“文景之治”。可以说，若没有汉朝初期“无为而治”政策积累的强大经济实力，就绝不会有后来汉武帝北逐匈奴、南征百越的显赫武功。

由此看来，老子虽然像龙一样形迹难寻、见首不见尾，但是我们还是能够确定他是一个博学的智者、一个淡泊的隐士。或者说，老子仅仅是一个“人”。那么，又是从什么时候起，他穿上了道袍，拿起了拂尘，坐上了道观的祭祀台，成为了一个法力无边的“神仙”呢？

东汉末年，朝廷腐败，百姓遭到残酷的剥削和压迫，生活在水深火热之中。与此同时，在全国很多地区，爆发了大规模的严重的瘟疫，这更使人们的生活雪上加霜。这时北方的张角、江东的于吉、汉中的张陵先后在各地大肆传播他们创立的宗教理论，宣扬老子是天上的神仙，并尊称为“太上老君”，而他们则是受老子的指派，从天而降，来拯救世上受苦受难的四方百姓。他们常常持九节手杖，穿黄衣，戴黄冠，在各地聚集大批徒众，并使用咒语、符水、丹药等为人治病消灾。于是，越来越多饱受压迫、走投无路的百姓信从他们的理论，纷纷加入其中，这就形成了最原始的道教。后来，利用信徒发动黄巾起义的张角在失败后被杀，江东的于吉也被当地军阀孙策以“惑乱人心”为由处决，唯独汉

中张陵（后改名为张道陵）创立的“五斗米道”在汉中地区得以顺利发展，并逐渐蔓延开来。张陵死后，其子张衡（与东汉文学家、科学家张衡同名）、其孙张鲁先后承继其位，成为五斗米道的最高首领。在汉中，张鲁进一步整合了之前的道教思想，奉老子为教祖，以《老子》为主要经典，并对老子的思想提出了自己的解释，使之成为五斗米道的教义。张鲁把《老子》加上自己的注解，集结成书，命名为《老子想尔注》。渐渐地，五斗米道形成了独特的组织体系，成为了当地一个政教合一的强大势力，从此割据一方。这种情况一直延续到公元 215 年，当时的汉朝丞相曹操亲率大军征讨汉中，张鲁大惧，主动率众归降，因此获得了曹操的宽大处理。也正是这个原因，五斗米道及其教徒在当时并没有遭受太大的打击，而是得以继续传播，并在日后成为中国道教最重要的宗派之一，张陵也被公认为道教的创始人，并被世人尊称为“张天师”。

道教在南北朝时期得到了巨大的发展。北朝的寇谦之自称太上老君亲自授予其天师之位，获命重新整顿道教。他以此为由，对道教进行大刀阔斧的改革，摒弃了早期道教中一些不利于当时朝廷统治的教义和制度，将儒家的三纲五常等引入道教，大力宣传忠君思想。因此，他获得了当时统治者的大力支持，被北魏太武帝封为“国师”，位在三公之上，甚至面见皇帝都不必施行大礼。到了李唐王朝时，唐朝帝王称自己是老子李耳的后人，用最高的礼仪祭祀老子，封老子为“太上玄元皇帝”，道教也被尊为唐朝的国教，得到了极大的发展。及至宋元时期，咸阳人王重阳归隐于终南山下，掘地为穴，命名为“活死人墓”，自居其中，潜心修持。修炼有成之后，他以老子“清静无为”的思想为本，融合了儒家、佛家的许多思想和修行制度，宣称“三教合一”，创立了全真道，凡入此门者皆称为“全真道士”。其弟子丘处机曾以七十四岁高龄万里迢迢远赴西域，面见蒙古领袖成吉思汗，劝说其爱护人民，减少杀戮，杜绝屠城行为。成吉思汗因丘道长的劝说而有所收敛，大批百姓得以幸免于蒙古骑兵的屠刀之下。丘处机的这一举动被后人称赞为“一言止杀”，全真道也因此赢得了北方民众的爱戴以及后来入主中原的元朝统治者的敬重。

总的来说，道教是一种宗教，虽然将老子神化为“太上老君”，并吸纳道家思想作为其主要理论来源，但是，其中也杂糅了极多阴阳家、佛家、儒家的思想，甚至还吸纳了许多民间巫术。因此，“道家”和“道教”从实质来讲差别巨大，前者为一种哲学思想流派，而后者则是由宫观、神职人员、宗教仪式等构成的一种中国本土宗教，二者不可混为一谈。言至于此，笼罩在老子身上的那一圈神秘光环也就自然而然地从我们心中褪去了：东周国家图书馆的馆长李耳，并不是天上的神仙，更绝对未曾和一个名叫孙悟空的“猴子”打过交道。

延伸阅读：

1. 南怀瑾《论语别裁》

本书实际上是南怀瑾先生的《论语》讲演录。作者旁征博引，将深刻的儒家义理讲得妙趣横生，不仅逐条解释了《论语》每章的条文，更参以己意，详尽地论述了由条文引出的诸多枝蔓问题，内容可谓宏富。近年来，多有人质疑其内容的精确性，指责其杂而不精。但无论如何，无数青年曾通过这部著作进入了《论语》乃至国学的大门，并由此登堂入室，这也是不可否认的事实。

2.（清）方玉润《诗经原始》

本书为清朝学者方玉润的代表作，也是近代《诗经》研究领域的一部名作。它摆脱了汉儒和宋儒说诗的成见，力图排除诗经学中一切虚浮不实的成分，探索出诗人作诗的原本之意，故名《诗经原始》。此外，方玉润不落经学家窠臼，以文学的眼光来分析《诗经》，对其艺术特点提出了许多前人未有的精辟见解。

3.（魏）王弼《老子注》

王弼的《老子注》历来是研读《老子》最权威的著作，其影响力远远超出其他学者的注本。欲深入研究《老子》，必不能抛开王弼的《老子注》，这是毫无疑问的。

4. 陈鼓应《老子注译及评介》

《老子》一书文约意丰，在一般情况下，想要简单地通过译文去领略其中的高深含义，必定是极为困难的。陈鼓应先生则较为妥善地解决了这个问题，他不仅为每章内容配以考究的翻译，还在其下加以进一步的阐发和深入的论述。因此，这个注本既可作为初步了解《老子》的入门书籍，又可作为深入研读的向上阶梯。

第三章　争鸣

春秋战国时期，天下大乱，诸侯纷争，旧有的制度分崩离析，人们陷入一片迷茫之中。这是最坏的时代，但也是最好的时代。思想的枷锁在这种混乱中被突然打破，一时之间，各种思想流派纷纷兴起，如儒家、道家、墨家、法家、兵家、阴阳家、纵横家、农家、医家、杂家、名家、小说家等。他们或讲学授徒，或著书立说，或入仕变法，或带兵征伐，或摩顶放踵以利天下，或游说南北交乱四国，用各种各样的手段推行自己的主张，希望以自家的思想改造当时的社会。这样一个思想自由、文化繁荣的时代，是中国思想史上的黄金时代，被后人称为“百家争鸣”。

一、　人性本善，还是本恶

儒家者流，盖出于司徒之官。助人君顺阴阳明教化者也。游文于六经之中，留意于仁义之际，祖述尧、舜，宪章文、武，宗师仲尼，以重其言，于道最为高。

——班固

此句出自《汉书·艺文志》。大意为：儒家学派，由古时的司徒官演变而来，负责佐助君王顺应自然、宣明教化。他们研习儒家经典，崇尚仁义之道，远宗尧舜的道统，近守周文王、武王的礼法，尊崇孔子为师表，来加强他们言论的重要性，在各家学派当中最为崇高。

孔子最早开办私学，桃李满天下，他的弟子们活跃在当时政治、经济的各个舞台上，其中既有身居高位的诸侯宰辅，也有富甲天下的巨商大贾，还有传道授业的大师硕儒。孔门走出的众多贤徒，扛起了儒家思想的大旗，将先师仲尼的学说发扬光大。在孔子及其后辈弟子的努力下，儒学在百家争鸣的先秦时期地位显赫，始终保持着巨大的影响力，被称为“显学”。然而，由于每个弟子对孔子思想的认识程度深浅不一，导致他们关注的侧重点存在着诸多差异。在孔子去世后，虽系同出一门，但儒家各个弟子在其所建立的分支学派中，表达的思想主张常常多有不同，在个别观点上，他们甚至提出了完全相反的见解。在众多儒家分支学派中，为当时人们所熟知的共有八家，分别是：子张之儒、子思之儒、颜氏之儒、孟氏之儒、漆雕氏之儒、仲良氏之儒、孙氏之儒和乐正氏之儒。而在这“八儒”中，对后世最具影响力的，则当属孟氏之儒和孙氏之儒了。

“孟氏”指的是战国时期的大思想家孟子。孟子名轲，出生于邹国，其先人为鲁国贵族孟孙氏。孟子青年时期，曾前往孔子的孙子子思（名孔伋）门下求学。《诗经》《尚书》是当时最重要的两部儒家经典，孟子在学习期间一直致力于此，颇有心得。他将书中表达的儒家思想熟稔于心，并结合自己对孔子言行的体悟，将其进行了归纳总结与进一步的发展升华。孟子也因此成为了继孔子之后最具影响力的儒学集大成者，得以与

孟子画像

孔子并称为“孔孟”。然而，他的不幸遭遇却也和孔子如出一辙。他同样幼年丧父，也如孔子一般在外周游列国，劝说各国的君主采纳自己的主张。然而，正像孔子曾经历过的那样，各国诸侯均无意接受他的主张。在这些国家中，有像魏国、宋国、齐国这样追求一统天下的泱泱大国，也有像鲁国、薛国这样朝不保夕的附庸小国。这些国家的国君们在拒绝孟子思想的时候通常会说：“您的主张的确很有道理，但是却有些不切实际，施行起来实在太难了……”

真的是这样吗？或许有一定的道理。然而还有一个更深层的原因，是这个原因决定了诸侯们的放弃，决定了孟子周游列国的失败，那就是，孟子学说中的“民本思想”。

孟子曾明确地说过：“民为贵，社稷次之，君为轻。”民众的幸福安宁应当放在第一位，其次才是一个国家、政权的稳定，而三者之中最不应当被给予过多关注的就是君主的利益。这颇有些现代民主思想意味的一句话，在那个君主凌驾于万民之上、视黎民百姓为奴仆的时代，可以想象，一经说出，会造成多么大的反响，又怎么会得到采纳呢！孟子认为，当今的统治者残暴不仁，只顾自己的享乐和称霸的野心，哪里关心过百姓的疾苦呢？贵族们豢（huàn）养的猪狗吃着精细的粮食，而直到饥饿的人们倒毙在了路上，他们还不肯打开粮仓救济。始终用这种手段对待百姓，却还一直妄想着一统江山，那简直和爬到树上去捕鱼（缘木求鱼）没有两样！甚至，还不如缘木求鱼：爬到树上去捕鱼，虽然白费了力气，但是并不会造成什么严重的后果；但是通过残忍手段剥削民众，逼迫民众为国君征战，不仅不会就此取得天下，反而会引起民众极大的不满，甚至迫使其在不堪忍受的时候揭竿而起。

齐宣王在与孟子讨论国家大事的时候，对孟子说：“建立商朝的成汤将夏朝最后的国君桀流放，建立周朝的周武王也将纣王逼杀，这难道不是以臣弑君吗？”孟子却干脆地回答了他：“当君主残害百姓时，他就已经不配再做君主了。因此，杀了这种暴君，和杀了一个残害他人的普通犯人没有任何区别，完全是正义的！”

明太祖朱元璋在夺取天下后，十分注重学习，常常在圣贤书中寻求治国之道。有一天，他偶然拿起了桌上的《孟子》，开始翻阅起来。不读不知道，一读吓一跳，时至今日，他才知道，这本书中竟然有如此多的字句在抨击暴君，甚至还说出了“民贵君轻”的言论！朱元璋顿时龙颜大怒，骂道：“假使这老头子活在今天，他还能逃一死吗！”因此，他诏告天下，痛斥孟子的言论“非臣子所宜言”，下令将孟子逐出文庙，不得配享，并发狠说：“诸位大臣胆敢提出反对意见，我直接命令执金吾射杀他！”

那么，国君该如何对待百姓，又如何拯救这个纷争不断的乱世呢？孟子简单而又坚决地说：施行“仁政”。国君要仁慈地对待百姓，轻徭薄赋，不可施加过重的负担，并且要使耕者有其田，使人们的物质需求得到满足。在此基础上，加强对百姓的教化，使孝敬老人、爱护兄弟等礼义观念深入人心。如果有一位国君真的做到了这些看似简单的举措，邻国那些生活在暴政之下、疲惫不堪的百姓，哪个不会心生羡慕呢？当施行仁政的国君率兵前来讨伐施行暴政的国家时，哪个不愿意阵前倒戈，转而欢迎新君主的来临呢？因此，“仁者无敌”，天下终将归属于施行仁政的君主。

中国古代的启蒙读本《三字经》开篇的两句就是“人之初，性本善”。这句话最初来源于孟子的“性善”论。在孟子的时代，有一个被称呼为“告子”的学者曾经有一个观点：“人的天性既说不上是善良的，也说不上是邪恶的。”孟子对此表示反对，他举过这样一个例子：当碰巧看到一个井边的儿童就快掉到井里的时候，每个人心里面都会在那个瞬间产生一种惊恐和同情的情绪；他产生这种同情心，并非有什么企图，既不是想和儿童的父母攀结交情，也不是想要博得乡里人的称赞，仅仅是那一瞬间作为一个“人”本能的反应。这难道不足以说明人的天性是善良的吗？郁郁葱葱长满草木的一座山，如果被人们不停地砍伐，很快就会变得光秃秃的了，再也看不出原来的样子了。人心就像这座山，而心中本来存在的善良就好像山上的草木，世上的那些因为贪婪、骄傲而失去善良的人们，就好像被斧头砍光树木的那座山。遗憾的是，人们往往很少关注自己美好的善良之心的缺失。孟子因此痛心地说：“家里如果弄丢了一只鸡、一条狗都会去到处寻找，而世上的人们把自己的本心都弄丢了，却未曾出去寻找过！”

孟子终究也未能实现自己的政治理想，在晚年隐退后，和弟子万章等人将那些曾经同君王、弟子讨论过的重要话题记录下来，集结为《孟子》一书。《孟子》文风犀利雄辩，气势恢宏，记载了很多孟子对于当时流行观点的批判，尖锐深刻，说服力极强，读后令人拍案叫绝。

荀子画像

“八儒”中的“孙氏之儒”实际上指的是荀子。在汉代时，为了避讳宣帝刘询的名字，便改称“荀”为“孙”（“荀”与“孙”古音相同）。荀子名况，字卿，后人常称之为孙卿。他是战国末期赵国人，早年曾游学于齐国。后来，已经精通儒家思想学说的荀子又接触到许多其他流派思想，眼界极为开阔，在当时即享有盛名。因此，他在当时的齐国三次出任“稷下学宫”的掌管老师。后来，由于不断有人在背后谗毁，不得已之下，荀子只得前往楚国，投奔到“战国四公子”之一的春申君黄歇门下，被授予兰陵令的职位。春申君去世后，荀子被新上台的掌权者弃置不用，而此时的他年事已高，便没有离开此地，后终老于兰陵。

稷下学宫：战国时期，齐国为东方大国，君主齐威王雄心勃勃，意图实现天下统一。为招贤纳士、广开言路，他在都城临淄的稷门附近设立学宫，邀请诸子精英来此表达政见、建言献策。此时，凡是自身具有影响力、被当时人们看重的学者，只要来到稷下学宫，都能得到丰厚的赏赐，其中许多人还成为了不用管理具体事务、只须坐而论道的大夫。一时之间，稷下学宫汇集了当时众多英才，诸子百家的思想在此进行了广泛的碰撞、交汇和融合。因此，稷下学宫被后人誉为“先秦时期的最高学府”。

荀子所处的时代已是战国末期，世道污浊、纷乱到了极点，众多国君迷惑于流行于世的各种歪理邪说。其中尤令荀子痛恨的是当时流行的巫术。那时人们对自然界的怪异现象极为关注，常常沉迷于祭祀、占卜等活动。荀子对此曾进行过深入的批判，他说，流星陨落、树木发出声响，人们都大为惊恐，而实际上这些不过是较为罕见的自然现象罢了，并非厄运将要降临的预兆。当时还存在一种“骨相”迷信，宣称人的吉凶祸福都可以通过观察人的形体、容貌推断出来。对此，荀子举例表示反对：历史上像孔子、周公、大禹等圣人的容貌都与普通人一样，毫无特别之处，反而像纣王那样的暴君却是一个魁梧的美男子，这就说明人的外表根本与命运毫无关系，真正决定命运的还是人本身的行为。荀子抹去了“神”和“天”的那一层神秘主义色彩，鼓励人们理性看待自然，把命运掌控在自己的手中。这种理论在科学昌明的今日看来似乎平淡无奇，但在两千多年前的战国时期则极为难能可贵。

儒家八个分支当中的孟氏之儒，在两千年来一直都被视为“正统”的一脉，汉朝时就已经受到了很大的重视。至南宋时，官方已经将《孟子》一书和《诗经》《尚书》等其他儒家经典并列为“十三经”。再加上后来多位大儒的鼎力支持，孟子的地位越来越高，在元朝以后已成为仅次于孔子的“亚圣”。反观同为最重要两大支脉之一的孙氏之儒，在汉朝以后的儒学历史上就一直少人问津，甚至很多学者直接将其排除在儒门之外。这是什么缘故呢？北宋的程颐（对这位老先生，本书将在最后一章作详细介绍）曾经说过：“荀子极偏颇，只一句‘性恶’，

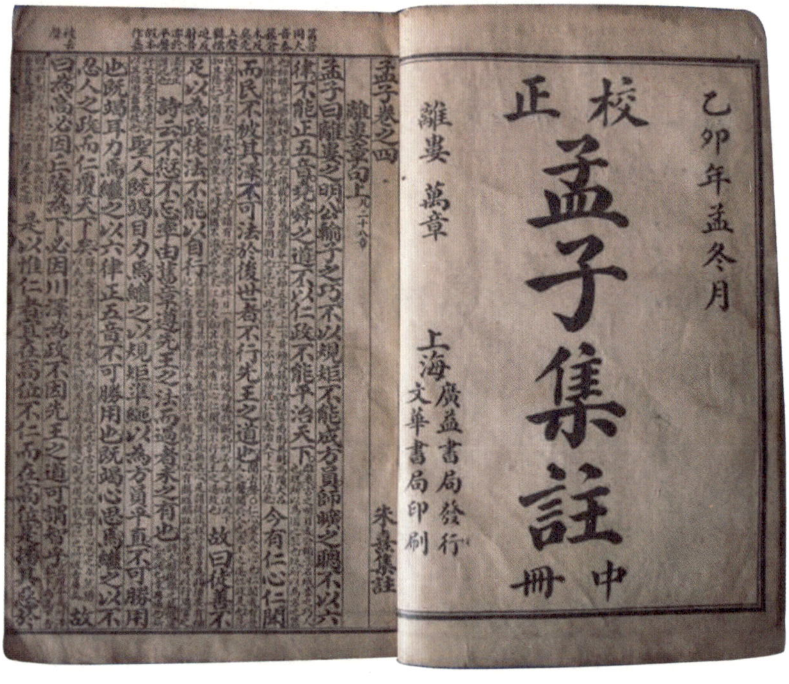

《孟子集注》书影

大本已失。”可见，荀子被后世儒家边缘化的一个重要原因，是其曾经提出过“性恶”理论！

与孟子截然相反，荀子认为，人的天性是恶的，人一生下来无不是贪图利益的，无不是好逸恶劳的，无不是耽于享乐的。如果顺从这种天性，就会与他人发生冲突争斗，就会使自己陷入尴尬窘境，就会逐渐变得腐化堕落。因此，就像弯曲的小树需要农人的矫正、生锈的斧头需要匠人的磨砺一样，人也应当注重后天的学习，以改造和锻炼自己，从而达到善的境界。《荀子》第一篇《劝学》的第一句是“学不可以已”，就是要求人们要不断地学习，以改造自己天性中的消极因素，从而逐渐向善。荀子可谓用心良苦。

孟子、荀子两位大儒，他们对于人性的看法是如此不同，用“天壤之别”来形容也毫不为过。但是，孟子说人本来是善良的，所以应当尽一切努力“来找回”善良；荀子说人天性是恶的，所以应当坚持不懈地“去寻找”善良。从这个角度看，是不是也可以说他们二人是殊途同归的呢？

二、博爱的侠哲

古时最讲“爱”字的莫过于墨子。

——孙中山

墨子，名翟（dí），关于他的生平和国籍，史书中都语焉不详。不过没有关系，这并不会使他在历史上的光芒晦暗下来，哪怕一丁点。

大约在公元前440年的一天，墨子突然听闻一个消息：鲁国的大匠公输班发明了一种新的攻城器械，名字叫云梯，南方的大国楚国将要利用它来进攻中原小小的宋国。因此，墨子心中十分焦虑，他向来主张“非攻”，反对一切不义之战。因此，他立即起身前往楚国，意图阻止楚王的这次侵略行为。这趟行程，他走了十天十夜——是的，是“走”。墨子崇尚简朴、节约，这种思想在诸子百家中并不稀奇，然而，他们或乘车或骑马——当然，也有骑牛的——真正不畏劳苦地选择步行去拯救一个小国，这实在是绝无仅有的。孟子曾经评价他说：“摩顶放踵利天下”。虽然他们思想不合，但这话是不错的，踩着简陋的鞋子横跨小半个中国，他的脚肯定会磨伤。到达楚国后，墨子与公输班展开了

> 公输班（公元前507—前444），出生于鲁国的附属国小邾国，因此世人常称之为鲁班。他是中国古代优秀的土木建筑工匠、著名的发明家，云梯、木鸢、墨斗和锯子等都是他的杰出作品，长期以来受到人们的尊敬，被称为“匠师之祖”。但在民间传说中，他逐渐演变为一个无所不能的神话人物。

一场论辩，很快使对方理屈词穷，答应同去谒（yè）见楚王。墨子巧妙地使楚王的前言和后语自相矛盾，向他们证明了攻打宋国于理有亏。然而，虚伪的楚王却开始找借口说：“可是我的云梯已经辛辛苦苦地造好了啊！”墨子说：“我们不妨进行一场攻城和防守的模拟演练吧。”墨子不仅是一位哲学家，还是一位毫不逊于公输班的能工巧匠。于是，他用腰带象征城墙，小木棒象征防御武器，与公输班制作的微型进攻器械进行了多次演练，结果进攻方无一次不被墨子击退。公输班已黔驴技穷，而墨子的防守手段却远没有用完。情急之下，公输班隐隐地萌生了杀墨子之心。墨子早已料到，他说：“公输班以为天下只有我能够防守住他的进攻，殊不知，我墨家数百名弟子个个都学到了我的这种手段，他们早已到达宋国，在那里协助他们守城了。所以，杀了我也没用。”楚王在一旁听闻此言，攻宋计划只得作罢。

墨子塑像

墨子总是这样，不辞劳苦地去帮助看起来不相干的人。当时有人看到后就感到很不解，问道：“如今天下人都不肯再做义事，只有你还在尽力地去做，你又是何苦呢？不如也放弃吧！”提出这个问题的人显然对墨子的“兼爱”主张没有足够的了解，他不知道墨子的“兼爱”是对世界上所有人的无差别的爱。也就是说，对待一个异国他乡的人，要像对待自己的手足兄弟那样满心地去爱。因此，墨子回答他道："这就好比一个家有十个儿子，其中九个都好吃懒做，只有一个在尽力耕田。吃饭的人那么多，耕田的人那么少，那唯一耕田的儿子应该更加努力，否则这一家人便都要饿死了。如今天下人都不肯再做义事，你应该劝我更尽力去做才对，怎么还来劝我放弃呢？"

墨子这种伟大的人格感召了当时的无数后辈，他们纷纷拜在墨子门下，甘愿随从他为道义奔走四方。他们以墨子为中心，结成了一个具有严密组织的学派——墨家。这是诸子百家中唯一一个以创始人姓氏作为名称的学派（例如，儒家并不叫孔家，道家也不叫老家或李家……），其特殊性可见一斑。然而，墨家更为特殊的一点在于，它是一个具有严格纪律的"准军事化"团体。墨家的最高首领称为"钜子"，墨子本人即第一任钜子。在他去世后，这一位置由他的弟子继承，他们延续着墨子的思想主张，对先师留下来的"墨者之法"执行起来毫不含糊。曾经有一任钜子名叫腹䵍（tūn），他的儿子在秦国杀了人，当时的国君秦惠王对他说："先生，您已经这么大年纪了，又只有这唯一的儿子，所以我决定赦免他的死罪。请您听从我的决定吧！"钜子回答道："我们'墨者之法'规定：'杀人者死'，您的国法虽然赦免了他，但是'墨者之法'却不能赦免他。"最后，腹䵍还是坚持遵守严格的墨家纪律，将他的儿子杀掉了。

墨家始终奉行墨子留下的"兼爱""非攻"思想，以行侠仗义、阻止不义之战为己任，赴汤蹈火也毫不畏惧，从来都是将生死置之度外。因此，他们可谓是中国古代最早的一批侠客。在一个名叫孟胜的人担任钜子的时代，墨家一百八十名弟子答应楚国的阳城君助他守卫城池，而阳城君却在楚国发生内乱后逃跑了。此时大军压境，孟胜和各位墨家弟子在知道这种形势后，仍然遵守墨者之义，遵守承诺，坚定地守卫下去，宁死不屈。悲凉的结局是注定的，钜子孟胜和整整一百八十名墨家弟子在最后全部慷慨赴死，刚烈地践行了当初的承诺。

和儒家一样，墨家在秦朝以前也被称为“显学”，弟子遍布天下，其人数远远超过除儒家以外的其他诸子百家，影响力不可谓不强。然而，自秦朝统一天下之后，有关墨家活动的记载变得极其稀少，以后更是整个学派完全消亡，墨学成为了绝学。直到近代，学者们才从古籍堆中将墨家学派的著作《墨子》一书发掘出来，并进行了整理。他们惊讶地发现，原来，几千年前的墨子及其弟子竟然有着众多令人讶异的科学成就！例如，照相机的原理为光学中的“小孔成像”，而《墨子》一书早在两千多年前就曾对此进行过详细的记载；在几何学方面，《墨子》也很早给圆下过简练又精确的定义：“一中同长也”。梁启超先生曾经评价其具有“论理精神”和“科学精神”，并大声疾呼，如果当时的中国要救亡图存，只有学习墨家思想这唯一一条途径。

两千多年后的今日，墨学会复兴吗？

三、化身蝴蝶的哲学家

但解消摇化蝴蝶，不须富贵慕蚍（pí）蜉（fú）。

——陆游

在遥远的北海，有一条大鱼，名字叫鲲（kūn）。这条大鱼，不知道它的身长究竟有几千里！它倏然化作了一只大鸟，名字叫鹏。这只大鸟，不知道它的翼长究竟有几千里！振翅高飞，那垂下来的两翼好像天上挂着的大片云彩！这只鸟，在海水吹起、大浪涌动的时候，便扇动翅膀，拍打海面，溅起的水花也纷纷扬扬落在三千里之外，它乘着巨大的旋风盘旋而上，腾空九万里，向遥远的南方天池飞去。

这是庄子给我们描绘的一种难以言喻的境界，精神无限自由，无所依赖，俯视着天空之下的渺渺万物，心包揽着一切，彻底地解脱，跳出世俗之外，连自己也似乎消解于广阔无垠的大自然当中——这种境界只能用一个词来形容，那就是“逍遥游”。

庄子名周，战国时期宋国人，生卒年月史籍均无记载，大体推断与孟子为同一时代。庄子一生大多过着隐居生活，懒于应付世间俗务，因此极少出仕，只做过一段时间蒙邑的“漆园吏”这个小官。他才华横溢，学识广博，洋洋洒洒著书十几万字，其中以富含哲理的寓言故事为主，后来集结成书，命名为《庄子》。《庄子》一书是庄子进行哲学思考的总结性著作——这似乎与其他诸子不存差异——然而此书文学成就极高，行文汪洋恣肆、无拘无束，气势恢弘开阔，一气读来，令人大呼过瘾，精神也为之一振。应当说，《庄子》一书文学风格上的洒脱，实归因于庄子其人性格上的洒脱。

楚威王久闻庄子贤能，便派使者带着贵重的礼物前去邀请庄子，请求他出任楚国的宰相，辅佐自己治理国家。庄子笑着对前来的使者说：“给我千金的俸禄，这太丰厚了；让我出任宰相，这位置太尊贵了。可是，您没有见过那用于祭祀的牛吗？人们用上好的草料喂养它，不仅用不着它干活耕地，还给它披上美丽的衣服进行装饰。这是为什么呢？还不是为了在祭祀的时候把它当作祭品杀掉。在这个时候，它即使后悔，宁愿做一只普普通通的、在泥里打滚的小牛都不可能了！你快走吧，我不想要什么高官厚禄，我只想安安心心地在泥里打滚保全自己，这样的我才是快乐的。”就如庄子自己所说，他成为了一个真正的隐士，躲避钩心斗角的政治，躲避争名夺利的世俗，恬淡地生活在众人之外，率性而为，潜心修身。

庄子这种消极避世的思想，极有可能是因为厌恶当时世道的污浊昏乱：正义得不到伸张，奸人却往往能逃脱刑罚，甚至获得众人羡慕的荣耀。庄子曾讽刺道：“一个小偷偷了一个钩子便被处死，而齐国的大夫田成子杀了原来的国君篡位成功，‘偷’了整整一个国家，竟没有人敢说一个‘不’字！”因此，庄子远远地躲避着这些污浊，像他自己所说的，做一棵空旷、广袤原野中的大树，就静静地站在那里，这样就不会被世人的斧头砍伐，不会被匠人加工利用，自然，也不会遭受一切困苦。

庄子说，世界上的万事万物看起来各不相同，实际上并非如此，这些差异都是相对的，人们不过是被自己的暂时感觉所迷惑。这就好像下面这则寓言：从前有一个宋国人养了一群猕猴，每天喂它们橡树果子。可是后来果子匮乏，便只能减少一些。他就对猴子们说：“以后我只能每天早上给你们三个果子，晚上喂你们四个果子了。”猴子们听了，都十分生气，向主人抗议。主人灵机一动，对它们说：“那么这样吧，我每天早上喂你们四个果子，晚上喂你们三个果子！”明明还是七个，可是小猴子们却觉得比刚才的条件要优惠得多，全都开心起来。庄子还举过一个例子：朝菌早上长出晚上就死亡了，一天的时间对于它们来讲就是一生的时间了；寒蝉春生夏死或者夏生秋死，半年的时间对于它们就是一生的时间了。然而，上古的大椿树寿命极长，八千年对于它们也不过是相当于一个季度罢了。人是渺小的，永远也不会了解这个世界的全貌，看那寒蝉，它从来都没有活到冬天，你如果对这只可怜的虫子讲有关水结成冰的事情，它永远都不会相信。然而，它却从来都没有想过，这仅仅是因为它自己的浅陋无知罢了。

后人都说，庄子的思想像老子，因此常常将他们并称为“老庄”。的确，老子讲“无为”，庄子也是，甚至更加彻底。《庄子》中讲过一则故事：有一只海鸟落在了鲁国，鲁侯非常喜欢，于是就把它带到了富丽堂皇的大殿中，给它演奏优美的音乐，喂它祭祀用的猪、牛、羊肉，唯恐这只鸟过得不舒服。结果事与愿违，这只鸟被乐曲吓得不敢喝水，也嚼不动那上等的食物，三天后就死了。庄子说，政府管理民众就是如

相濡以沫，不如相忘于江湖：泉水干涸后，两条鱼未及时离开，终受困于陆地的小洼，为了生存，两条小鱼彼此用唾沫湿润对方。这样的情景也许令人感动，但是，这样的生存环境是不正常的，是无奈的。对于鱼儿而言，最理想的情况是，海水最终漫上来，两条鱼也最终回到属于它们自己的天地，最后，它们相忘于江湖，在自己最适宜的地方，各自快乐地生活。

此，总是将无益的制度、政令等自以为是地强加给民众，结果反而使民众的生活更加艰难，远不如放开双手，让百姓自由地选择自己想要的生活。

有一天，庄子做了一个梦，他梦见自己变成了一只蝴蝶，在空中自在地飞舞，飘飘然，开心极了。突然，他醒了："哦，原来我是庄周啊！"可是又一想，觉得疑惑："究竟是庄周睡觉时梦见自己变成了蝴蝶，还是蝴蝶睡觉时梦见自己变成了庄周呢？"

这个谜，大概不会有人能够解开吧……

元·刘贯道《庄周梦蝶图》(局部)

四、将军的深思

兵者，国之大事，死生之地，存亡之道，不可不察也。

——孙武

春秋鲁僖公二十二年（公元前638年），心怀称霸之志的宋襄公与南方强大的楚国分别在泓水两岸集结军队，大战一触即发。宋国在泓水以北率先布好阵形，准备完毕，而此时远道而来的楚军却尚未渡河。司马子鱼对宋襄公说："敌众我寡，趁着楚军尚未就绪，应赶紧发动攻击，机不可失！"宋襄公却说："这怎么能行呢？战争也要正大光明地遵守礼仪，切不可使用阴谋诡计。敌军还没准备好，我方就发动袭击，这是不符合军礼的，即使赢了也胜之不武。"过了好长时间，楚军才完成渡河，接着又整顿军队摆好阵形。这时，宋襄公才下达决战的命令。两军相遇，宋军在人多势众的楚军面前毫无还手之力，一败涂地。君主宋襄公也在此战中大腿负伤，半年后郁郁而死。

这场大战的结果在当时引起了不小的轰动，宋襄公本可赢得胜利，但是他固执地坚持遵守前代遗留的军礼，致使结果发生了反转，不仅宋国霸业成空，自己也负伤身死。此次事件之后，人们猛然间意识到：在这个不顾道义、弱肉强食的混乱时代，军礼实际上已经过时了……

此时，旧有的军事思想体系已彻底崩塌，留下了一片茫茫的空白。直到一个伟大的军事天才横空出世后，这片空白才得以填补，而这位天才就是被后世尊称为"兵圣"的春秋末期军事家孙武。孙武，即孙子，字长卿，其祖父为齐国大夫田书，因伐莒（jǔ）有功，故被赐姓为孙。后来齐国发生内乱，孙武避难出奔吴国。

孙子画像

在这里，他将平生兵学心得进行了总结，合为十三篇——这就是被誉为“兵学圣典”的《孙子兵法》。《孙子兵法》是中国乃至世界历史上第一部系统地建立科学、完备军事思想体系的著作，在军事学的形成中具有奠基意义，为“百代谈兵之祖”，曾被翻译成法、英、俄、德等多种文字。这部兵书思想深刻，应用广泛，无数的商业巨子也从中汲取智慧，以指导自己的经营管理。日本松下电器创始人松下幸之助曾经说：“《孙子兵法》是天下第一神灵，我们必须顶礼膜拜，认真背诵，灵活运用，公司才能发达。”

孙子在书中革命性地提出：“兵者，诡道也。”他说，行军打仗，就是要善用权谋，采用种种变化来欺骗、迷惑敌人，“能而示之不能，用而示之不用，近而示之远，远而示之近”，通过这些制造出来的假象，达到“攻其无备，出其不意”的效果，从而取得战争的胜利。孙子认为，战争的胜败直接决定人们的生死、国家的存亡，因此必须对此万分慎重，切不可穷兵黩武，轻易发动战争。战争的目的在于“自保而全胜”，即在战争中保全己方、同时获得战争的胜利。因此，即使是百战百胜，也并不一定意味着是好的结果；能够做到“不战而屈人之兵”，保持己方毫无损失，这才是“善之善者”。要达到此目的，周密地考量各种战争因素就显得尤为重要，即在出师前就要清楚掌握彼此情况。因此他说：“知彼知己，百战不殆；不知彼而知己，一胜一负；不知彼不知己，每战必殆。”另外，孙子认为“兵无常势，水无常形”，战场瞬息万变，将帅统兵作战时一定要善于根据敌情的变化制定相应的策略，切不可拘泥死板，墨守成规。

吴王阖（hé）闾（lǘ）在读到孙子的十三篇兵法后，大为惊异，命他以客卿的身份出任将军。在后来的吴楚之战中，孙子曾率领区区三万吴国军队大破二十万楚军，以弱胜强，并一直向西，长驱直入，杀入楚国都城郢（yǐng）。偏处东南一隅的吴国，在此战之后，一跃成为春秋末期的霸主。

孙子初入吴国时，吴王阖闾命他以宫中美女替代士卒，在宫中展示练兵的方法。孙子命180名美女分为两队，以吴王宠爱的两名姬妾为队长，对她们说：“你们知道前、后、左、右吗？”答曰：“知道。”孙子又说：“我命你们前，就视心；左，视左手；右，视右手；后，视背后。”美女们答应了。于是孙子在多次申述军事纪律后，开始下令：“右！”美女们不仅没有从命，反而笑倒一片。孙子说：“之前我讲的纪律还不够清楚，是我的罪过，我现在再次申述一遍！”孙子又重复一遍，接着下令：“右！”宫中美女又开始大笑，没有人将他的命令放在眼里。孙子见此，说道：“军令和纪律我已申述清楚，但是却有人违犯，这是军吏的罪过。来人，将两个队长处斩！”此时正在台上观看的吴王大惊失色，立刻命人对孙子说：“寡人已经知道将军您能用兵了，请求您不要处斩她们二人，没有她们我食不甘味啊！”孙子果断地拒绝道：“臣已经受命担任将军，将在外，君命有所不受！”这二位宠妾最终被杀，其余美女都大为惊骇，再也不敢放肆。此后孙子下达命令时，每个人都规规矩矩，丝毫不敢有差错，甚至连一丝声音都不敢出。

孙武去世百余年后，他的后人孙膑（bìn）成为了兵家的又一

位代表人物。“膑”并非其名，它的原意是一种剔去膝盖骨的残酷刑罚。至于孙膑的原名究竟叫什么，后人已无从查证。孙膑早年和庞涓一同学习兵法，但才能远胜于庞涓，因此引得庞涓妒火中烧。后来庞涓得到魏惠王重用，在魏国出将入相，春风得意。后来庞涓召唤孙膑来魏，设计断其两足，除掉了这个足以威胁自己地位的竞争者。

孙膑塑像

遭受迫害的孙膑在历尽千辛万苦之后，被人救到了齐国，很快得到君主齐威王的赏识。当时，处于鼎盛时期的魏国正在加紧攻打相邻的赵国。情势紧迫之下，赵国只得派遣使者向东方的齐国求救。齐威王认为孙膑足智多谋，便有意命其担任主帅。孙膑却推辞说：“我是受过酷刑的卑贱之人，已经没有资格再做将军了。”于是齐威王任命田忌为将军，孙膑为军师，急速救援赵国。孙膑对田忌说：“如今魏赵大战，魏国必定派出所有主力部队围攻赵国，此时国内只会剩下一些老弱残兵。我们不如避实击虚，带兵去攻打魏国空虚的都城大梁；这样一来，魏国必然会赶忙回师自救，放弃对赵国的围困。这样不仅可以为赵解围，还能够重创疲惫的魏军。”田忌听后极为赞同，立即引兵前往大梁。一切都在孙膑的神机妙算之中，齐军在此次军事行动中锐不可当，大胜而还。

十三年后，魏国转而联合赵国围攻韩国，这次轮到韩王派出使者向齐国求救了。田忌如法炮制，再次选择绕道攻打魏国空虚的都城大梁。魏国大将庞涓得到这一消息后，立刻回军追击已经迫近魏国边界的齐军。齐国军师孙膑对田忌说：“魏国军队素来轻视齐国，认为齐军胆小如鼠。我们不如因势利导，采用‘减灶法’，让他们对我们更加轻视。”“减灶法”是指齐军第一天用十万灶生火做饭，第二天用五万灶，第三天则只留下三万灶。追赶而来的庞涓看到之前齐军留下的痕迹后，大笑道：“齐军还真是胆怯啊！才过了三天，士兵吃饭的炉灶就只剩下三万了，可见他们的逃兵太多了！对付这群胆小鬼，我只需要一小部分精锐就足够了！”于是庞涓抛弃所有步兵，只率领少量骑兵日夜追逐。孙膑预测，到傍晚的时候，庞涓的军队必会到达马陵，于是便命人在马陵小道的一棵树上刻了七个大字：“庞涓死于此树下！”

接着，他又部署数万名弓弩手埋伏于小道两侧，命令他们：“晚上一旦有人举火，立刻一齐朝他放箭！”果然，当天晚上庞涓率军来到马陵，发现道旁的一棵大树上有字迹，好奇之下，

命人举火照看。火把刚刚点起，还没来得及读完树上的字，两侧埋伏的齐军已万箭齐发。庞涓自知智穷兵败，大叫："就让孙膑这小子成名吧！"后拔剑自刎。齐军乘胜全歼了魏军，并生擒魏国太子申。自此，孙膑名扬天下。

孙膑生前也曾著有兵书，只不过早已失传。令人惊喜的是，1972 年，在山东临沂银雀山汉墓出土了大量宝贵的竹简，在这其中就有《孙膑兵法》八十九篇。虽然大多损坏严重，残缺不全，但尚存《擒庞涓》《见威王》《陈忌问垒》等极其珍贵的十六篇内容。后人借此，可以稍稍领略孙膑当年用兵的风姿。

古人在形容某位将军用兵高明时，常常称赞曰："智比孙吴"，其中"孙"指的是孙武和孙膑，"吴"则为吴起。吴起，战国时卫国人，早年跟随大儒曾申（孔子的爱徒曾参之子）学习儒学。但在母亲去世时，急于成名的他没有回家奔丧，大大违反了儒家崇尚的孝道。因此，曾申果断地将这个"不孝子"逐出了师门。之后，吴起转而学习兵法，曾经率领鲁军以少胜多，大破来犯的齐军。后来他来到魏国，受命为将，西向攻秦，打下多座城池。在他守卫西河地区时，秦国不敢向东扩展一步，周围的韩国、赵国也纷纷归顺。几年后，他遭受谗言，不得已投奔南方的楚国。在楚国，吴起主持变法，很快就使楚国国富兵强。然而命运多舛的吴起，在信任他的楚悼王去世之后，惨遭宗室贵胄（zhòu）的报复，最终死于乱箭之下。

德国哲学家雅斯贝尔斯曾经指出，公元前 800—前 200 年，尤其是公元前 600—前 300 年，是人类文明的"轴心时代"。在这数百年中，人类文明取得重大突破，"非凡的事都集中在这一时代发生了"，古希腊的苏格拉底、柏拉图、亚里士多德等大师在此时辩论、讲学，以色列的以赛亚、耶利米等先知在此时大声呼号，古印度的佛陀释迦牟尼也在此时悟道成佛。当时正处在春秋战国时期的中国，更是呈现出一派思想繁荣的局面：除了儒、道、墨、法（在下一章将会详细介绍）、兵各家外，纵横家、阴阳家、杂家、名家、农家、小说家（见下表）等思想流派也活跃在那个思想交汇的舞台上，展现了他们独特的风采。

纵横家等流派的代表人物、特征及学说

流　派	代表人物	特征及学说
纵横家	苏　秦 张　仪	以纵横捭阖之策游说诸侯，从事政治、外交活动
阴阳家	邹　衍	发扬阴阳五行学说，并用它解释社会人事
杂　家	吕不韦	提倡“兼儒墨，合名法”，主张对诸子百家学说兼收并蓄
名　家	惠　施 公孙龙	以逻辑原理来分析事物，辩论“名”（名称）与“实”（事实）之间的关系
农　家	许　行	认为农业是衣食之本，应放在一切工作的首位
小说家		采集街谈巷语，编撰野史杂谈

延伸阅读：

1. 杨伯峻《孟子译注》

本书是白话解析《孟子》的一部经典之作，全面而不失深刻，通俗而不落浅薄，较完美地满足了现代人研读《孟子》的诸种需求。

2.（清）王先谦《荀子集解》

本书为《荀子》研究的集大成之作，解释详尽，考证准确，欲精研《荀子》思想，此书不可不读。近代以来，《荀子集解》尤受重视，梁启超、胡适等大家都曾对其给予极高赞誉。然而，此书内容艰深烦琐，对于初入门者似不十分相宜。

3. 蔡志忠《庄子说》

《庄子说》是“蔡志忠国学漫画”系列中的第一部，作者将《庄子》书中深奥精妙的哲学思想，用一幅幅趣味盎然、生动传神的漫画表现出来，实在让人佩服其智巧。更当指出的是，这本书虽是以漫画形式解读哲学，但并未流于肤浅。

4.《十一家注孙子》

本书为曹操、杜佑、杜牧、梅尧臣等十一人为《孙子兵法》所作的注疏合集，不仅详尽解释原文中的字句，更结合历史上的许多战例，对其中的兵法谋略进行了极为深刻的阐释，实为《孙子兵法》各种注本中难以逾越的高峰。

第四章　统一的帝国，统一的思想

一个帝王的终极理想是什么？包举宇内，并吞八荒，将全天下置于自己的掌控之中。公元前221年，秦始皇最终灭掉六国，实现了一统天下的愿望。帝国的版图虽已统一，但是，在那军队不能到达的思想世界中，又要靠什么手段统一呢？一百年之后，年轻的汉武帝也遇到了同样的问题。他们将做何选择？最终的结局又将如何？

一、成也法家，败也法家

法令者，民之命也，为治之本也。

——商鞅

故事发生在战国初期的秦国都城雍。一天，来自乡下的年轻人黑臀进城探望叔叔。来的时候，妈妈对他说："你今年都十五岁了，也该离家去学一些本事，将来好养活自己。你不如去找在都城的二叔，好好跟着他学做生意。"黑臀向来听话，次日便赶往都城。将近中午时分，黑臀终于望见了都城高大的城墙。刚从南门进入，就看见一群人围在不远处的高台周围，乌压压的一片。高台上，一个小吏模样的人在冲着下面的人群大声宣布着什么。"想必是朝廷发布了什么新命令。"黑臀心里想，于是也凑了过去。只听那人说道："公孙鞅大人说了，谁要是能把立在南门的那根木杆搬到北门，就赏给他五十金！"周围的人群一片哗然，一位老伯摇头说道："那根木杆才多重？连一个小孩子都能轻松举起来。朝廷居然说把它拿到北门就会有五十金的赏赐，鬼才相信呢！"老伯的话引得周围的人不住点头，没有人相信这奇怪的法令，大家一哄而散。黑臀想："反正叔叔就住在北门那里，我不如就把这根木杆顺路带过去。万一朝廷的法令是真的，我岂不就发财了？"想到这里，他心里美滋滋的，于是扛起木杆，大步向北门走去。

到了北门，黑臀将木杆放下，转身正想走，城门附近的差役却一起围了上来。黑臀惶恐起来，心想："怎么回事！难道我闯祸了吗？他们干嘛围住我？"这时，其中领头的一位从身后的差役手中接过一个黑色的包袱，伸手递给了黑臀，说道："这是赏你的五十金！公孙鞅大人就是想借这件事情，告诉秦国的百姓们，朝廷是不会欺骗大家的，法令一出，绝对说到做到！"围观的人们见此情形，全都目瞪口呆，紧接着便是一大片后悔的嗟叹声。黑臀此时也愣在那里，直到人群渐渐散去才缓过神来："哦，原来是公孙鞅大人想通过这个举动来取得百姓对法令的信赖啊！"抱着这沉甸甸的五十金，他欣喜若狂，"这几年的生计和娶老婆的钱都够啦！"一转眼，他就走到了不远处的叔叔家里。

叔叔见到了久未谋面的侄儿，立即张罗起来，给侄儿准备最好的饭菜。席间黑臀向他说明了来意，叔叔爽快地答应道："没问题！在家先休息几天，下个月咱们就去魏国，采购一些布料回来卖！”就这样，他一连住了将近半个月，满心都在期待着下一次的行程。然而有一天，叔叔满面愁容地回到家，默默无言。黑臀觉出叔叔有些不对劲，正想询问，叔叔却主动开口道：“今天我出去了一趟，听到好多人在议论，朝廷重臣公孙鞅大人颁布了一套新的法令，从今以后，无论是公子还是庶民，一律要严格遵守，如若违犯，任何人都不会轻饶。昨天太子犯了法，也没有得到宽恕。”黑臀说道：“那和我们又有什么关系？”老人家眉头一皱，缓缓地说：“新法规定，老百姓只能专注于耕作和战争，其他职业一律被禁止。你说，咱们经商还会有前途吗？”听到这些，黑臀心中一凉，不知如何是好。突然，他想起了自己那不久前才获得的赏赐，说道：“叔叔，我手中还有五十金，或许我可以前往东方那些国家去游学，回来之后就可以……”“没有用的！”叔叔打断他道：“公孙鞅大人说过，所有乱七八糟的思想都不利于耕战，都是明令禁止的。”黑臀只得沉默了。半晌，叔叔才再次开口：“不如你还是回家种田，在农闲的时候，公孙鞅大人会率领你们出去征战的。听说新法施行后，一概论功行赏，平民百姓如果立下赫赫战功，也能够享受到贵族的待遇；同样的道理，王孙贵胄如果没有战功，也难以保住世袭的爵位。”听到这里，黑臀拍手道：“太好了，我要去打仗，我也要成为贵族！”

二十多年后的一天，已成为将军的黑臀正在军营中查看往来信报，其中一封写道：“商鞅谋反，已被车裂于市！”他十分震惊：被封为列侯、位至卿相的公孙鞅大人怎么会谋反呢？过了好久，他突然明白了，不禁发出一声长长的叹息：“唉，这也是在情理之中啊！商君的新法取缔了贵族的世袭权利，怎么会不遭他们的记恨和污蔑呢？当初的太子现在即位为王，又怎么会不报当年之仇呢？！唉，可惜啊，可惜！”

公孙鞅，出身于卫国贵族，后来被封为商君，因此又名商鞅。青年时即有奇才，但未得到卫侯重用。后来西入秦国，得到求才若渴的秦孝公的赏识。公元前356年，商鞅在秦孝公的支持下开始变法，新法规定：一，奖励耕战，重农抑商，生产粮食、布帛多的人可免除徭役；根据军功大小授予爵位和田宅，废除没有军功的旧贵族的特权。二，废除前代因袭的井田制，承认土地私有，允许自由买卖。三，建立县制，由国君直接委派官吏治理。四，制定秦律，在境内严格限制诸子学说的流传，排除复古思想干扰。经过商鞅变法，秦国的经济迅猛发展，军队的战斗力不断提高，一跃成为战国后期最强大的国家，为后来秦统一全国奠定了基础。

商鞅虽被秦惠王诛杀，但是他的新法却并没有被废除。依靠商鞅的新法，曾经的西部边陲小国秦，在短短几十年内迅速强大。到了战国后期，它的实力已经强大到令所有东方六国颤抖。此时，秦王政已经即位，逐步加快了统一天下的步伐。一次偶然的机会，他读到数卷来自韩国的书简，书中的观点令他赞叹不已，忍不住对一旁的臣下说道：“啊呀！假使寡人能够见到此书的作者，与他谈论一番，死了也不会感到遗憾了！”这时，大臣李斯对他说道：“此人是我的同学，韩国的王室贵胄，名叫韩非。”于是秦王发兵韩国，意图尽早得到这位宝贵的人才。情急之下，韩王只得派出一直以来并未被重用的韩非，命他出使秦国，以缓解国难。到了秦国后，韩非前后著述十万余字，全面陈述其法家思想。秦王阅后对其才华更为钦佩，只是由于他是韩国人，因此也不得不心存防备，迟迟没有采纳韩非的建议。后来，李斯向秦王进言：“韩非毕竟是韩国人，终究不会真心为大王您效力。如果他最后被放走，这样的人才对于秦国实在是个极大的威胁。因此，不如您趁现在就找个借口果断将其杀掉，以除后患。”就这样，韩非被关进了大牢中。李斯趁机偷偷派人送去毒药，逼其自杀。韩非知道自己是被冤枉的，要求面见秦王解释这一切。但在此时，谁还会听他申辩呢？没有人肯帮他通报，可惜一代大哲最终含冤死于狱中。不久，秦王后悔了，可是为时已晚。

李斯（约公元前284—前208），战国末年楚国上蔡（今河南上蔡）人，秦代著名的政治家、文学家、书法家。他早年当过小官，后来入秦，辅助秦王消灭六国，完成统一大业。他的政治主张对我国产生了深远的影响，奠定了中国两千多年政治制度的基本格局。

李斯为什么要这样苦苦陷害自己曾经的同学呢？原来，李斯早年和韩非一起拜在荀子门下，在当年求学时就感觉自己的学识、才华远远不及韩非，因而对其十分嫉妒。如今二人又同在秦国，如果韩非被秦王重用，势必会影响自己的政治前途，因此他不顾同窗之情，对韩非痛下杀手。

韩非继承了荀子的“性恶”论，并在此之上进一步提出了自己的新见解。他认为，趋利避害是人的真正本性，而儒家所讲的“道德”“仁义”等理论都不过是美好的空想。他说，现实中有几个人能够真正做到“仁义”呢？推行仁政，就好像要求现实中所有的女性都是毛嫱（qiáng）、西施那样的美女，那是根本不可能做到的。因此，对统治者来说，只有严格的法令和赏罚措施，才是有意义的。刑罚会带来伤害，百姓必然战战兢兢，不敢违犯；赏赐会带来利益，他们定会奋不顾身地努力追求。这样一来，君主就可以操控百姓，使之驯服地听从自己的意志了。

韩非子（即韩非）对法家思想进行了系统的总结，是法家理论的集大成者，他认为君主治国必须拥有三种武器：法（法律）、术（权术）、势（势力）。他曾举例：虎豹之所以能够危害人类、捕食猎物，只不过是因为它们的爪牙锋利罢了，当它们失去了爪牙，人们对它们便再也不会心存畏惧，甚至会戏弄、驯服它们。就像猛兽不可失去爪牙一样，君主也应当紧紧地握住自己手中的法、术、势这三种武器，并且要采用一些非常手段驾驭臣下，使他们全都战战兢兢地按照君主制定的法令行事，而不敢有丝毫怠慢。

韩非画像

荀子是一位大儒，然而他的两个最为知名的弟子却都是积极

法家主张：时代、情势不同，国家的政治制度与法令规范也应不同，切不可生搬硬套，死守先王留下的政治措施。韩非子曾用一则寓言来讽刺那些食古不化的人：宋国有一个农人正在耕田，突然一只野兔飞奔过来，一头撞在树桩上折颈而死。农人心想：“我如果一直守在树桩旁等待撞死的兔子，岂不是每天都能吃到美味的兔肉？”于是他放下农具，呆呆地守在树桩旁，期待像之前那样拣死兔，但是却再也没有拣到。这就是成语“守株待兔”的由来。

主张“尊法贬儒”的法家，这着实令人困惑。韩非曾大力贬斥儒家以及当时的豪侠，说道：“儒以文乱法，而侠以武犯禁”，力主君主消灭一切对自己统治不利的思想舆论。他的同学李斯则将这一思想落实到了实践中：公元前213—前212年，丞相李斯上书，建议除了卜筮、医药、农业、种植等门类的书以外，所有前代流传下来的书籍一概上缴焚毁，有胆敢私下谈论《诗经》《尚书》等儒经的全部处死，借用先王的典故批评当今政策的则要被灭族。秦始皇对此建议立即全部采纳，并且将四百六十余位儒生和当时为他求仙炼丹失败的术士一并坑杀，规定从此禁止民间学术思想交流。这次扫荡典籍、禁锢思想的残暴行为，成为中国思想史上最重大的事件之一，史称“焚书坑儒”。

“竹帛烟销帝业虚，关河空锁祖龙居。坑灰未冷山东乱，刘项原来不读书。”这是唐代诗人章碣（jié）有感于秦始皇“焚书坑儒”

秦坑儒谷

在陕西省西安市临潼区，有一块平坦的谷地，人称“洪庆沟”。据考证，这里就是当年秦始皇“焚书坑儒”事件的地点“坑儒谷”。

事件所作的一首辛辣的讽刺诗。正像诗中所说，秦始皇一厢情愿地以为，只要将不符合其统治利益的书籍和学者从他的帝国中全部抹去，便能够愚弄百姓、为所欲为，永远坐守稳固的江山，皇帝的宝座传至子孙二世、三世……然而，历史无情地嘲弄了始皇帝的自大，秦朝的统治在他去世四年后迅速被声势浩大的农民起义推翻，成为中国历史上大一统王朝持续时间最短的一个。是什么原因造成了这曾经不可一世的帝国以这样快的速度轰然倒塌？西汉的大学者贾谊曾经给出过答案："仁义不施而攻守之势异也。"是的，自秦孝公时期商鞅变法开始，法家思想贯彻到了秦国统治的各个方面。虽然在秦国崛起、一统天下的过程中，法家的主张功不可没，但这种学说的诸多弊端并不能因此就被完全掩盖起来。法家更多地关心君主采用何种手段统治民众、管理国家，对于民众的切身利益则较少体恤。到了秦始皇及其子秦二世时期，更是将法家"刻薄"的一面发挥到了极致。终于，秦帝国的统治在起义军燃起的熊熊烈火中化为了灰烬。

二、独尊儒术

臣愚以为诸不在六艺之科、孔子之术者，皆绝其道，勿使并进。

——董仲舒

刘邦在垓（gāi）下之役一举灭掉项羽势力之后，一统江山，建立了继秦之后又一个大一统的王朝——汉朝。登基为帝的刘邦志得意满，在朝廷上摆起了庆功的酒席大宴群臣。群臣在席间肆意地饮酒呼喊，互相争功，有的喝醉后甚至拔出宝剑砍击堂上的顶梁柱子。刘邦眼见这一派混乱景象，头痛不已。其中有一位儒生名叫叔孙通，他观察到刘邦此时反感的表情，上前说道："陛下，我愿意为您制定一套君臣朝见的礼仪，这样的话，他们在朝廷上的言行就会得到约束。"刘邦半信半疑，说道："听说这是很难的，

尽管如此，你先试试看吧！”叔孙通随即召集各地的儒生，将周朝的古礼和秦朝的朝见仪式加以融合和改良，使之适用于初创的汉朝。不久之后，长乐宫建成了，各地的诸侯和大臣们都来参加落成大典。由于叔孙通平日的调教，在典礼举行当天，曾经自由散漫的群臣在传令官的提醒下，毕恭毕敬地在皇帝面前匍匐施礼，丝毫不敢怠慢；饮宴之时，尽管人数众多，但一切都井井有条，毫无纷乱之象，和起初截然不同。汉高祖刘邦坐在宝座上，眼见这一切，龙颜大悦，惊喜之情也溢于言表：“我直到今天才明白皇帝是这样的尊贵啊！”

刘邦早年生活于秦始皇时期，可谓是“焚书坑儒”事件影响最深的一代人，他未曾读过《诗》《书》，对于儒生也充满了鄙视，认为他们不过是只会讲“尧舜”“仁义”“礼乐”等名词的无用之人。因此，他在建国后从来没有想过采用儒家思想治国，而是同萧何、曹参等良相功臣一起，采用了道家“无为而治”的治国理念，使百姓得以休养生息。这次对儒生叔孙通的重用，虽然结果令人满意，但并不足以使他改变已经颇有成效的“无为”政策。直到刘邦的儿子惠帝、文帝、孙子景帝，也仍然是在沿袭着这种政策，没有丝毫的动摇。当时的整个统治阶层，大多信奉道家学说，对于“迂腐”的儒家思想不屑一顾，汉景帝的母亲窦太后便是其中最典型的一位。

汉景帝曾经任命研究《诗经》的大儒辕固生为博士，其母窦太后对此则颇为不满。她一生都是道家思想的忠实追随者，喜欢研读《老子》。她曾问辕固生对《老子》一书的看法，辕固生回答道：“这不过是普通的家常话罢了！”听闻此言，窦太后登时大怒，命人立刻将辕固生关进猪圈中去和野猪搏斗。汉景帝心知耿直的辕固生触怒了太后，有心维护，可是又不敢上前劝说，只好将自己最锋利的宝剑赐给了辕固生，以助其一臂之力。跳进猪圈后，辕固生稳住心神，毫不畏惧，仔细瞄准野猪的心脏，奋力地刺了出去。只一下，野猪便扑倒在地。窦太后知道后，惊讶之余，也不好再多怪罪，只得放辕固生离开。

这种情况长时间地延续着，直到年轻有为的汉武帝即位。这位有着宏图大志的青年君主，下令全国各地举荐贤良文学之士，向他们询问治国之道。在同被征召的数百位贤才中，来自广川的儒生董仲舒从中脱颖而出，他前后三次回答汉武帝的策问，内容涉及天道、人事、治乱等许多方面，这三次对策也因此被后人称为“天人三策”。董仲舒对汉武帝说：“我根据孔子所作的《春秋》中记载的历史来看，发现天命和人事的确是相感应的。《春秋》中提到了很多次地震、日食、陨石、大冰雹等异常的自然现象，这其实都是国家的治理出现了问题，上天因此显示出这些灾异来谴责、警告世间的君王。君王在此时应当反省自己，痛改前非，如若毫无悔改之意，仍然像从前那样一意孤行，就会有亡国的危险了！因此，君王要时时体察天意，遵从上天的意志，施行仁政，教化百姓。”董仲舒还认为，既然天人之间是互相感应的，那么，天有金、木、水、火、土五行，与之对应的，人也应该具备仁、义、礼、智、信这五种做人最基本的美德，即“五常”。在人伦关系中，君臣、父子、夫妻是最为重要的三种关系。然而就像天有阴阳一样，在人与人之间也存在主导和从属的

董仲舒画像

关系：君王主导，臣民顺从；父亲主导，儿子顺从；丈夫主导，妻子顺从——这三种关系称作“三纲”。如果把“三纲”“五常”等伦理关系都处理得井然有序，就可以逐步实现天下大治、百姓和乐的太平盛世了。

> 传说董仲舒早年对于儒家经典极下工夫，甚至三年间没有迈出房门一步、没有眺望园子一眼，专心致志地埋头治学，终于在后来得到汉武帝的重视，成为汉朝时期最著名的儒生。史学家班固曾经评价他为“纯儒”，意思是“精纯的儒者”，这可算是当时人们对他极高的赞誉了。

董仲舒在向汉武帝提出每一条策论之前，都会引用孔子《春秋》中的思想作为依据。在他眼中，《春秋》不仅是一部编年体史书，更是每一个字都蕴含着天命、人事等最高哲理的神圣著作。《春秋》开篇第一句话为：“隐公元年，春，王正月。”出身儒家公羊学派的董仲舒对此解释说：“‘王正月’的深层含义是什么呢？就是圣人在强调要坚持‘一统’。”董仲舒进一步论述道：“一统是天地间最长久的准则，也是国家最高的政治。”与此同时，董仲舒还认为，不仅政治上要一统，人们的思想层面也要实现一统，像游说列国的纵横家、残暴不仁的法家等，只会混淆视听，扰乱黎民百姓的心智，毫无益处。因此，应当“罢黜百家，独尊儒术”，即大力提倡儒学，贬低其他诸子百家的学说。这种“大一统”理论，正好为强盛的大汉王朝加强中央集权、巩固国家统一的政治需求提供了理论基础，汉武帝听后极为赞赏，立刻采纳其建议。汉武帝宣布儒学为国家的官方学说，建立以“五经”为教科书的太学，还规定，凡是政府官员都必须学习儒家经典。

尽管汉武帝采用了“独尊儒术”的政策，但实际上，在汉武帝一朝的官员中，儒生所占的比例并不算高。直到数十年后，在笃信儒学的汉元帝统治时期，儒学才真正达到“独尊”的地位。当时很多研究经学的儒生相继登上政治舞台，有的成为地方长官，有的当上机密要员，还有的出将入相。据统计，在汉元帝朝廷的三十一位大臣当中，有十七位儒生，比例超过一半。当时学习儒学蔚然成风，皇帝诏书、群臣上奏全都引用儒家经典，甚至在国家有重大事件需要决策时，也会从《春秋》的条文中寻找决断的依据。此时，儒学已成为时人入仕最主要的途径。著名的儒生夏侯胜曾对他的弟子说：“你们唯一应当担心的便是自己对儒家经典的研究还不够透彻，如果研究得好，在朝廷中谋一个大夫的位置，那还不是像弯腰从地上捡起东西一样容易吗？”

儒家经典大多为上古典籍，文义晦涩深奥，其中寄寓的儒家义理更是难以探究清楚。因此，很多治经多年、有所成就的名家鸿儒将其研究成果总结成书，作为对“经”的注解与阐释，这种解释称为“传”。《春秋》文笔极为简练，通常，轰轰烈烈的大事件反映在经文中，也不过寥寥数语。因此，曾有人评价，如果没有“传”的解释，“使圣人闭门思之，十年不能知也”。为《春秋》作过“传”的主要有三家，分别是公羊、谷梁、左氏。其中，公羊和谷梁二家偏重于对义理的阐发，左氏则偏重于对史实的记载，三者各有所长。《公羊传》的作者公羊高与《谷梁传》的作者谷梁赤皆出于孔子贤徒子夏之门，《左氏传》的作者左丘明则为鲁国史官，基本与孔子处在同一时代。

残暴的秦始皇放了一把火，将当时的中国烧成了一片思想荒原；而同样是为了完成帝国思想的统一，明智的汉武帝却采纳了“罢黜百家，独尊儒术”这一温和的政治措施。秦朝二世而亡，汉朝则绵延统治四百余载——不同的选择，决定了不同的命运啊！

延伸阅读：

1. 周勋初等《韩非子校注》

二十世纪六七十年代，南京大学多位教授充分吸收前人的研究成果，对《韩非子》一书进行了细致、严谨的注释和串讲，共同编撰完成了《韩非子校注》。该书兼具通俗性和专业性，是当代难得的一部上佳注本。

2.（西晋）杜预《春秋左氏经传集解》

汉朝时期儒者对于《春秋》的崇拜之情，今人已经很难理解。“春秋三传”中的《左氏传》，史料最为翔实，文学成就也最高，因此今人研读《春秋》大多选择“左氏”一家。而西晋杜预所作的《春秋左氏经传集解》无疑是《左氏春秋》各种注本中最权威的一部。今人借此或许能够稍稍感受古人那份特殊的“春秋情怀”。

第五章　乱世中的彷徨与解脱

强盛的大汉王朝崩塌后，中国进入了历时数个世纪的动荡时代，占据人们头脑数百年的儒家思想，也逐渐丧失其统治地位。越来越多的人开始从僵化、烦琐的儒家经学研究中挣脱出来，转而致力于对天道、性命的哲学探索。在那个充满政治争斗和饥馑流亡的黑暗时代，似乎也只有这种探索，才能给他们惶恐不安的灵魂带来片刻安宁。

一、　竹林中的隐士

文明在中，见素表璞。内不愧心，外不负俗。交不为利，仕不谋禄。鉴乎古今，涤情荡欲。

——嵇康

夜中不能寐，起坐弹鸣琴。
薄帷鉴明月，清风吹我襟。
孤鸿号外野，翔鸟鸣北林。
徘徊将何见？忧思独伤心。

孤独的飞鸟在寂静空旷的原野中哀鸣，忧伤的诗人伴随着微凉的月光弹琴。是什么原因使他失眠？这位诗人是谁？他又缘何如此？

阮籍画像

这首诗名为《咏怀·夜中不能寐》，

即“抒发内心感怀”，作者为三国时期魏国名士阮籍。阮籍，字嗣宗，陈留人。他出生于一个昏暗、混乱的时代，仅仅这一点，便足以决定，他的一生将伴随着挥之不去的阴郁与幽愤，永远不能逃脱。

汉末天下大乱，曹操挟天子以令诸侯，经过多年的南征北战，牢牢地占据了中原。其子曹丕继承其遗留的庞大势力，逼迫汉献帝“禅让”，成功地登上皇帝宝座，建立魏国。然而，仅仅过了两代，老谋深算的权臣司马懿即通过一场政变将魏国宗室大臣曹爽诛杀，成功攫（jué）取大权。自此，年幼的魏国皇帝落入司马氏的掌控之中。在司马懿去世后，其子司马昭自封晋王，颇有复制当年曹氏篡汉的趋势。此时，曹氏和司马氏双方势力的斗争进入白热化，朝中的士人已经觉察到政治环境的险恶，稍有不慎即有可能跌入万丈深渊。时局飘摇，风雨如晦，政治斗争带来的危险已经压得他们喘不过气来；更令他们彷徨凄苦的是，自己经纶济世的远大抱负也注定成为泡影。

奈何？奈何？阮籍苦苦思索，上下探求，他试图寻找一条冲破这重重黑暗现实的路，使他的理想从那条路中走出，而不至于仅仅是心中幻想的镜中之花、水中之月。奈何？奈何？他仍在挣扎。然而，无数次的挣扎之后，却仍是一个不得不接受的现实：无可奈何，终究都是无可奈何。

《诗经》曰：“驾言出游，以写我忧。”心中的忧闷，可以通过出游来排遣些许。阮籍是赞同这句话的。他常常在兴致刚刚生发的时候，就拿起马鞭，乘兴而往，至于此次出游的目的地究竟是哪里，他却从来没有想过。身体随着心的驱使，率意而为，到了哪里，哪里就成了目的地。他曾经游览过秦末刘邦、项羽率军相争的战场，面对着当年的遗迹，他狂傲地感叹道：“时无英雄，使竖子成名！”更多的时候，他会避开宽阔的大路，沿着窄小的羊肠小径而行。然而，走着走着，居然走到了小径的终点，前方再无任何出路。面对眼前的绝路，阮籍号啕大哭：他的理想已经走入绝境，无论如何找不到出路了，而眼前的境况，不是与自己的命运一模一样吗？！

阮籍绝望了。他选择后半生在沉醉中度过。有人告诉阮籍，步兵校尉的厨房中储藏了数百斛佳酿。于是，他赶忙辞去司马氏幕僚这一处在政治中心的职位，请求担任卑下的步兵校尉，以此满足自己对美酒的渴求。阮籍是借酒浇愁吗？应当是。但更重要的原因，恐怕还是为了避祸。他不想再跳入当时的政治污池当中。理想已不能实现，至少要留下一个清白之身。但是，如果强硬地拒绝，杀身之祸将立刻降临。所以，醉酒便成了最好的挡箭牌。阮籍是大名士，意图篡位的司马昭自然不会错过任何一个笼络他的机会，甚至作出了要和阮籍联姻的决定。阮籍对此早已知晓，所以，他无日无夜地痛饮，在任何时候都摆出一副醉醺醺的样子。司马昭欲寻找机会，与其商量做亲之事。可是每次相见，阮籍都是烂醉如泥，此事因此不得不一再推迟。然而一连六十日，阮籍每日如此，无奈之下，司马昭只得放弃这门亲事。外表的疏狂恣肆，实际正是一种高明的谨慎，也是在那个浑浊的世道保全性命的法

唐·孙位《高逸图》

原画已经残缺，画中的竹林七贤也仅仅余下四位，从左至右依次为：阮籍、刘伶、王戎、山涛。

宝。“既明且哲，以保其身”，用这句话来形容阮籍，大概最合适不过了吧！

放诞不羁、耽乐饮酒是魏晋时期士人中间最为流行的风尚。阮籍和他的好友嵇（jī）康、山涛、向秀、刘伶、王戎及阮咸当属其中典型。由于他们七人远离政治，常常隐逸于竹林之中，因此被称为“竹林七贤”。除阮籍外，其中最为后世所熟知的当属嵇康。嵇康，字叔夜，身姿俊拔，风格清秀，为当时著名美男子。他早年爱好养生，对老庄思想很有心得，为人恬淡寡欲，从不露喜怒之色，对于功名利禄也视若无物。当权者司马昭帐下最受重用的谋士钟会，因久慕嵇康大名，便摆出阔绰的气派，来到嵇康隐居之处拜访。嵇康此时正在树下光着身子锻铁，对于身居高位的钟会懒得理会，不仅没有施礼，甚至连正眼都没有瞧一下。钟会自讨没趣，忍着怒火，转身而去。嵇康则轻蔑地淡淡说道：“听到什么而来，看到什么而去？”说话时眼睛仍然没有离开手中的铁锤。钟会愤恨地说：“听到所听到的而来，看到所看到的而去！”

嵇康和阮籍一样，厌恶当时昏暗的政治，不愿为即将篡位的

竹林七贤中最耽于饮酒的当属刘伶。《晋书》记载，他经常乘鹿车，手里抱着一壶酒，命仆人提着锄头跟在车子后面跑，还说：“如果我醉死了，你便就地把我埋葬了。”他不仅嗜酒如命，放浪形骸的程度也远超人们的想象。在担任建威将军参军期间，有一次他竟然一丝不挂地坐在官邸内饮酒，客人们来访，他也毫不在意，依然故我。大家见他这般模样，纷纷开始讥讽起来。刘伶却反驳道：“天地就是我的房子，屋子就是我的衣裤，你们怎么钻到我的裤子里来了？”

司马氏效力。然而，阮籍为人谨慎，相形之下，嵇康则性情刚烈，绝不向司马氏妥协分毫。孔子说："邦无道，危行言孙。"乱世之中，最应当的便是低调处事，但嵇康这种性格使得他实在难以做到。果然，心怀忌恨的钟会，在不久之后便向司马昭建议除去嵇康。临刑前，嵇康气度依旧，神情不变，从旁人处借琴，弹奏了一首他最擅长的琴曲《广陵散》。曲终，嵇康叹息道："我死之后，就再也没有人会弹奏此曲了！"当时三千多名仰慕嵇康的太学生集体上书司马昭，请求以嵇康为老师，以此为由求司马昭免去嵇康的死罪。但司马昭决心已定，对所有请求一概不准，千古名曲《广陵散》也自此成了绝响。

自汉武帝"罢黜百家，独尊儒术"以来，儒家思想一直是官方和民间的主流思想，儒学提倡的伦理道德成为当时评价做人、为官最重要的标准。例如，儒家主张子女对父母应当尽心孝顺，因此当时的人才选拔制度便是"举孝廉"。然而，东汉后期，越来越多的人却将它看作一条升官求仕的终南捷径，本身毫无孝顺父母之心，却欺世盗名，在外人面前伪装出一副孝子的假面。当时流传过一首民谣，辛辣地讽刺这种有礼无义、假冒伪善的社会风气："举秀才，不知书。举孝廉，父别居。"

经过了汉朝末年的动乱之后，原来的儒家思想大厦在当时士人心中已经轰然坍塌，人们开始怀疑：是否应该剥去那层礼教的外衣，转而关注内心的纯真与美好？就像那璞玉，虽然外表是粗糙的石头，剥开之后，却是晶莹温润的美玉。因此，以嵇康、阮籍等为代表的魏晋名士对儒家主张的名位、礼教等极为厌恶，鄙弃限制自由的礼法，反对传统的束缚，主张回归自然的、朴实的状态，保持最原始的自我本真，并鲜明地提出了"越名教而任自然”的口号。这些名士放荡和怪诞的行为，也正是在表达对陈旧的儒家秩序的抗争与轻蔑。甚至，他们曾破口大骂，说学校是“停尸房”，读经是“说鬼话”，六经是“芜秽”，仁义是“臭腐”，经常读书会瞎眼睛，学习礼仪会变成罗锅，等等。阮籍更是讽刺说，那些崇尚礼法的“君子”，把讲究礼仪制度的社会当成自己的安全之所，其实和虱子寄居裤子之中没有两样。

他们这种叛逆的思想，很大程度上是受到了道家思想的影响。当时人们抛弃了多数儒家经典，将《周易》《老子》《庄子》这三部书视为真理所在，合称“三玄”，成为他们坐在一起清谈的思想依据。“玄之又玄，众妙之门”，这是《老子》中的一句话，很多人对此迷惑不解。魏晋时期的另一位大名士王弼解释说：“玄，深也。”也就是幽深的意思。魏晋名士崇尚老庄，思想幽深玄远，后人便用这个“玄”字来称呼他们的思想，称之为“魏晋玄学”。又因为他们的思想与道家思想很有渊源，因此他们也常常被称为“新道家”。

“新道家”的先驱者当属王弼与其友何晏二人。王弼生年较竹林七贤稍早，才华横溢，曾经

何晏，字平叔，南阳宛县人，出身于世家大族，其祖父为汉末大将军何进。他幼年丧父，母亲尹氏被魏王曹操纳为宠妾，因此在魏国宫廷中长大。他从小才智非凡，外表俊美且谈吐风雅，深得曹操宠爱，将其如亲生儿子一样看待。他自幼喜读《周易》《老子》等书籍，善谈玄理，身边曾聚集了一大批奔放不羁、不受礼法约束的玄学之士，成为玄学的一代领军人物。可惜的是，在政治上他依附于曹爽，曾任职吏部尚书，因此，司马懿在政变成功后不久便将其毫不留情地诛杀了。

为《周易》《老子》这两部玄学经典作过详尽、深刻的解释。他以老子思想为基础，提出了“贵无”的主张，认为“无”是宇宙最原始的状态，“物生于有，有生于无”，万物虽多，却都是从“无”中逐渐生出的。因此，圣人也是“无”的状态，无为，无名，无好恶，无欲望，一切都是自然、本真的样子，毫无任何伪饰。

一般认为，魏晋玄学兴起于魏废帝曹芳统治的正始年间，故有“正始之音”的说法。后来经过竹林名士的倡导，这一思潮及其引领的本真、放荡的潮流像飓风一样横扫魏晋各个阶层，上自帝王公卿，下至文人僧道，纷纷仰慕、仿效。然而实际上，这些追随者大多属于盲目跟风，仅仅是为了表现自己与众不同的个性，徒有形式，而早已没有了阮籍、嵇康等人的精神风骨。此时的人们，虽把限制自由的桎梏一手打碎了，却也将支撑内心品格的伦理道德丢失殆尽。但或许，他们不应该被过多责备，毕竟，在那数百年的乱世中，放诞是内心彷徨最无奈的宣泄了。

二、移植到中国的“菩提树”

南朝四百八十寺，多少楼台烟雨中。

——杜牧

话说在东汉永平年间的一个夜里，汉明帝做了一个奇怪的梦。在梦中，他见到了一个身材高大的金人，身上闪耀着太阳般的光芒。第二天早朝时，心中满是疑团的汉明帝召集群臣，询问梦中的金人是何方神圣。当时一位知识渊博的大臣傅毅告诉明帝，他应该是梦到了西方神通广大的“佛”。于是汉明帝下令，立刻派遣使者前往遥远的西方拜佛求经。使者们跋山涉水到达万里之外的天竺国后，遇到两位沙门（即高级僧人），从他们那里了解到许多佛教的义理。使者们心知此二人是得道高僧，便邀请他们带着佛经和佛像一同前往中原。三年后，这两位沙门随使者来到了当时的大汉首都洛阳。汉明帝见到他们后十分高兴，不仅给予了极高的礼遇，还专门建造了一座寺庙，命他们在此翻译带来的经书。一路上，这些经书都是由一匹白马驮着，为表纪念，即把这座僧院命名为“白马寺”。佛教著名经典《四十二章经》也是在此时

明·丁云鹏《白马驮经图》（局部）

翻译完成的，此经也成为中国佛教历史上第一部汉译佛经。

到了魏晋时期，越来越多的西方佛教僧侣来到中国传教，佛学教义也渐渐为当时的人们所了解。当时的中国人惊奇地发现，佛教思想中的很多内容竟然与中国的道家哲学有许多暗合之处。因此，社会上流行起一种猜测，说老子骑着青牛西出函谷关后，一直向西，经过西域的大竺国时，曾在那里广收门徒，宣扬道家思想，而佛陀也不过是老子的弟子之一罢了。这种说法固然毫无依据，难以服众，但是也从侧面反映出，佛教思想与老庄道家思想的确存在某些相似之处。佛家认为，大千世界中的万事万物都是虚妄的、暂时的、相对的，它们不过是由于因缘暂时地聚合在了一起，呈现出人们所看见的、听到的、感觉到的样子。这些都是幻觉而已，人们却总是执迷不悟，不能识破这个迷梦，反而任由这个迷梦给自己带来诸般痛苦。因此，佛家追求的最高境界是：超越生死轮回，从无边的苦海中解脱出来，断离世间一切的牵挂和欲望，达到内心的终极平静状态，也就是“涅槃”。

无疑，佛教的这种精神追求，与老庄曾强调的“寡欲”“齐物”等思想，或多或少地存在相近之处。而正是由于这种思想上的接近，大大地促进了魏晋名士对于佛学的亲近感，也在很大程度上方便了当时许多高僧（如支道林、康僧渊等）借助老庄哲学来传播、发扬佛家义理。例如，支道林

支遁（314—366），字道林，世称支公，也称林公，东晋高僧、佛学家、文学家。他初隐余杭山，25 岁出家，曾居支硎（xíng）山，后于剡（shàn）县沃洲小岭立寺行道，僧众百余。晋哀帝时他应诏进京，住在东安寺讲道，三年后回剡而卒。他精通佛理，又擅长清谈，因此被誉为“玄佛先驱”。

深研老庄，对于其中许多篇章都颇有心得，然而在最初，当时的名士们却对他未曾留意。后来，他对《庄子·逍遥游》作了数千字的注解，由于辞藻新奇，令王羲之等东晋名士刮目相看，自此之后，支道林才名声大噪。

上流社会在接触到精妙的佛理后，掀起了一股参与佛学思想讨论的热潮，并将其与当时流行的玄学概念杂糅，显现出佛玄合流的趋势，大大加速了佛学在中国的传播。在南北朝时期，不仅很多知识分子纷纷皈依佛门，佛教信仰在民间也开始迅猛地普及开来。当时中国南北分裂，北方被外来的少数民族侵占，战争频繁，百姓流离失所，饥馑和苦难使当时的中国处处弥漫着悲观、厌世的情绪。而此时汹涌而入的佛学思想，不仅合乎时宜地向他们提供了信仰的慰藉，也用佛教特有的“因果报应”“轮回”等理论解释了他们所遭受的苦难的来源。当时各地建立起大量的僧院，出家的僧人数量井喷式激增，石窟、佛塔等佛教建筑在大江南北比比皆是，甚至还有为数不少的帝王也成了虔诚的佛教信徒。其中，南朝梁国的开国皇帝梁武帝当属最典型者。他曾先后四次脱下龙袍，换上僧服，舍身出家，甘心一心一意地侍奉佛祖。每一次，忧心如焚但却无可奈何的群臣都不得不花费巨资，向寺院请求赎回他们荒唐任性的“皇帝菩萨”。梁武帝虽身为皇帝，但平日生活却完全按照一个僧人的标准要求自己，吃素守戒，不近女色，不杀生，甚至连国家祭祀用的猪、牛、羊等牺牲，他也要求用面团捏出这些动物的形状来代替。

佛教最初兴起于古印度，后来渐渐向东方的中国传播。根据其思想内容、戒律仪式等方面的不同，通常可划分为三派：汉地佛教、南传上座部佛教和藏传佛教。汉地佛教强调清静无为、普度众生，在广大汉族地区有着深远影响；南传上座部佛教偏重个人修行，追求自我解脱，在滇南一带拥有不少信众；藏传佛教则宣扬宇宙大劫，一切无常，轮回转生，在西藏等地占据统治地位。汉地佛教经过南北朝时期的蓬勃发展后，在唐朝时已形成八大宗，分别为：天台宗、唯识宗、华严宗、三论宗、净土宗、律宗、密宗、禅宗，其中禅宗对中国的影响尤其深远，给中国后来的哲学、文学、艺术等方方面面都烙上了不可磨灭的印记。

唯识宗，又称“法相宗”。由于其创始人玄奘法师及其衣钵传人窥基，常年居住于唐朝都城长安的慈恩寺，因此这一宗派又被称为“慈恩宗”。玄奘，俗姓陈，自幼父母双亡，随兄长在佛寺中长大。他曾历尽千辛万苦，只身一人从长安出发前往印度求取真经。在印度佛教最高学府那烂陀寺，他师从戒贤法师学习经文，成就斐然，曾受邀担任印度十八位国王、三千位佛教学者参加的佛学辩论大会论主，任人提问，他都对答如流，一时之间名震印度各邦。公元645年，玄奘返回长安，开始着手翻译此行带回的无数经卷。他翻译的佛经语言优美流畅，而且保留了原书文风，因此他被认为是中国古代最伟大的佛学翻译家之一。

禅宗是佛学与中国传统哲学结合的产物，是具有中国特色的本土佛教。按照梵文，“禅”就是“安静地沉思”之意，主要指经由精神的集中，达到某种冥想层次的境界，是佛教的一种神秘修行方法。

公元527年，来自印度的高僧菩提达摩来到了中原的嵩山少林寺。在那里，他终日不发一语，面壁而坐，潜心参禅悟道。后来有个叫慧可的和尚，自断手臂，向达摩求法。达摩认为他是可造之材，便收在门下，把毕生所悟到的禅法传授于他。因此，菩提达摩被认为是中国禅宗的初祖，慧可和尚为禅宗二祖。到了五祖弘忍继承衣钵时，禅宗在当时已经具有了初步的影响力。一天，一个俗姓卢名慧能的弟子前来拜谒弘忍。弘忍问他：“你从哪里来？”“岭南。”“来做什么？”“只求成佛。”五祖故意说道：“岭南人没有佛性，你哪里能成佛呢？”慧能回答说：“人分南北，佛性哪里会分南北呢？”五祖心知其必是个有悟性之人，只是还欠磨炼，于是假装被惹怒，命他到后院去做砍柴、舂米的杂活。

后来，弘忍为挑选自己的继承人，便命令门下千余名弟子，每人作一首偈（jì）子，从中察看他们的佛学功力。弟子中最为众僧敬重的上座（大师兄）神秀经过一番思索，呈上一首，写道：“身是菩提树，心如明镜台。时时勤拂拭，莫使惹尘埃。”意思是说，佛教徒应当时时注意内心的修养，使之像明镜台一样保持明亮干净，不受世俗欲望、杂念等的污染。不识字的慧能听到后，不以为然，也作了一首偈子，让人帮他写了下来：“菩提本无树，明镜亦非台。本来无一物，何处惹尘埃。”弘忍看到后，心中极为赞赏，惊异慧能竟然真正达到了将所有外物都看“空”的境界。于是，他在慧能磨米的石磨上“当、当、当”地敲了三下。慧能心领神会，明白师父是在暗示自己晚

偈子，又名偈颂，形式和古诗较为相像，讲究韵律，但语言一般比较通俗易懂，僧人常采取这种形式来阐发佛理。例如后梁时期“布袋和尚”张契此所作的《插秧歌》：手捏青苗种福田，低头便见水中天。六根清净方成稻，后退原来是向前。这首偈子将插秧这种劳动与佛法结合在一起，意味无穷。

上三更前去秘密拜见。当晚，五祖弘忍将禅宗心法倾囊传授，指定弟子慧能为禅宗第六代继承人，因此，慧能被称为“禅宗六祖”。

其实慧能本人目不识丁，对于各种佛教典籍都不十分了了，然而后人却公认他为后来禅宗兴起、盛行最重要的人物，这不得不让人叹为奇迹。这一奇迹的关键在于，六祖慧能革命性地提出了一种与前代佛学大家迥然不同的理念。他认为，心外无佛，“一切万法，尽在自身心中”，因此佛性不是每天读经文、做功课修来的，而是靠着自身的顿悟，从内心找到的。经书读得再多，也终究是身外之物，因为“诸佛妙理，非关文字”，文字中的道理是肤浅的，真正的佛法只能通过心传，陈腐的经卷毫无作用。他大敞佛门，相信人人都有机会成佛，修道的方法也极其简便，只要有一刻灵光闪现，内心顿悟，就已足够。在修行方式上，他坚决抛弃了前人冥想坐禅的修炼方法，讽刺说："生来坐不卧，死去卧不坐。一具臭骨头，何为立功过？"因此，修道者并不需要专门花费时间参禅打坐，日常生活中随时随地都可以感悟佛法，甚至"劈柴担水，无非妙道"。

六祖慧能的徒众遍布天下，禅宗思想也在不知不觉间融入中国文化的各个层面，甚至产生了一大批令人捧腹的禅学故事，就让我们选取其中一则，以笑声来结束这一章的内容吧！

话说宋朝大才子苏东坡与金山寺的禅师佛印为莫逆之交，常常在一起参禅论道。有一天，二人面对静坐。一个时辰之后，东坡觉得身心通畅，内外舒泰，便开口对佛印说："禅师，你看我坐禅的样子如何？"

佛印睁眼，微笑赞道："像一尊佛。"紧接着又回问东坡："那你看我的坐态又如何？"苏东坡却大笑着嘲讽说："像一堆牛粪！"佛印听了，并不动气，只是置之一笑。

东坡十分得意，一回家后便赶忙告诉自家妹妹苏小妹，炫耀道："我今天终于占了佛印的上风！"苏小妹听后，却频频摇头："哥哥，今天输的其实是你啊！禅学讲究见心见性，佛印心中有佛，故才看你像佛；你心中有牛粪，所以才会视佛印如牛粪……"

延伸阅读：

1.（魏）阮籍《咏怀八十二首》

这组五言诗共八十二首，皆为阮籍随感而作，立意高远，语言平易，格调深沉，既是魏晋五言诗中的一部佳作，又是探索阮籍心路历程不可或缺的一份参考资料。

2.（南朝宋）刘义庆《世说新语》

《世说新语》是南朝宋临川王刘义庆主持编纂的一部笔记小说集，该书广搜各种奇闻趣事，以生动、幽默的笔调简洁地勾勒了一幅魏晋名士群像图，为研究魏晋人物与魏晋玄学思想的重要资料。

3.《六祖坛经》

《六祖坛经》为禅宗六祖慧能的佛学论述集录，兼记载了他的生平事迹，是唯一一部由中国人撰述并被称作“经”的佛教典籍。本书虽有不少高深的禅学理论，但文字较为通俗，口语化倾向明显，稍有文言功底的读者即可较为流畅地理解和领会。

第六章 “理”在何处

汉朝以后，儒学在玄学、佛学等思潮的冲击下风光不再，道家思想和佛家思想获得了与之平起平坐的地位。这种局面一直延续到北宋时期。但正如古语所云：“天道循环，无往不复。”宋朝建立后，文化日渐繁荣，一大批鸿儒也在此时涌现出来。他们批判佛、道，但与此同时又或主动、或被动地吸纳了其中许多思想。因此，在他们的努力下，重新兴起的儒学变得更加完善。

一、理学的启明星

为天地立心，为生民立命，为往圣继绝学，为万世开太平。

——张载

“北宋五子”是指宋明理学的五位先驱，由于他们生活于北宋时期，所以得到了这样的称呼。他们分别是：周敦颐、邵雍、张载、程颢（hào）和程颐。

周敦颐画像

其中，周敦颐可谓是“资格最老”的一位了。周敦颐，字茂叔，因终生未离开濂（lián）溪，所以号曰“濂溪先生”。周敦颐融汇上古的阴阳五行、《易经》的“太极”、《老子》的“无极”、《中庸》的“诚”等思想学说，进一步探讨并作出了新的论断。有人说，周敦颐是第一个将世界本原作为哲学问题加以讨论的中国人。他所提出的“无极”“太极”“阴阳”“动静”“无欲”等理学基本概念，都成了后世理学家最常思辨的内容。周敦颐也因之被奉为宋明理学的开山祖师。

周敦颐塑像

邵雍，字尧夫，谥号康节。他知识渊博，但无意功名，一生从未出仕。邵雍立足《周易》，建立了自己的理学思想体系，曾经设计过若干卦图作为对理学概念的阐释。因此，民间传说常常把他描绘为能掐会算的占卜术士，说他能够做到“前知五百年，后知五百年”，这是不符合历史的。

张载，字子厚，因长期在关中的横渠镇讲学，因此被称作“横渠先生”。他早年曾专心研究兵法，喜欢谈论军事，并上书当时的封疆大吏范仲淹。范仲淹认为张载是可造之材，鼓励他多多诵读儒家经典著作。张载听从了范仲淹的建议，认真研究儒学，终于在后来创立了自己的儒学理论——气一元论。

程颢和程颐是一对同胞兄弟。哥哥程颢字伯淳，人称“明道先生”，性情温和厚重；弟弟程颐字正叔，人称“伊川先生”，为人严肃正直。

程颐与兄长程颢早年均求学于周敦颐。周敦颐教导他们，一个人要想不断地提高自己的修养，就必须做到“静”。“静”主要指内心的平静和恬淡。要想达到这种境界，首先要降低自己对于外物的欲望，做到宠辱不惊。周敦颐曾经循循善诱地向程氏兄弟举过《论语》中颜回“贫而不改其乐”的例子，希望他们兄弟能够像颜回一样，在任何情况下都拥有恬淡的内心。

程颐把静坐视为达到内心平静的重要手段。所以，他在空闲时常常独处一室，闭上眼睛，正襟危坐，一动不动地像个泥塑人像一样。有一年隆冬时节，鹅毛大雪纷纷扬扬，下得正紧。进士杨时因为仰慕程颐的学问，就和友人一同来向他请教，正巧程颐先生此时正在屋内静坐。杨时怕打扰了老师，就恭恭敬敬地在门前等候。过了很长时间，程颐才从静坐中觉醒过来，而此时地上的积雪已经有一尺深了，这就是成语“程门立雪”的由来。

程门立雪

二、又一位"夫子"

历数唐尧千载下，如公仅有两三人。

——辛弃疾

相传在南宋时，有一位算命先生作了一首诗送给一位父亲，诗中说：你一生并不会大富大贵，不过是和现在这样差不多罢了。但是你会生一个小男孩，长大后他将会成为像孔夫子那样的人。（"富也只如此，贵也只如此，生个小孩儿，便是孔夫子。"）这首诗所指的这个"小孩儿"，便是中国历史上大名鼎鼎的思想家朱熹。

朱熹画像

朱熹（1130—1200），字元晦，号晦庵，别号紫阳，谥曰"文"，故有"朱文公"的称呼。他是程朱理学的代表人物，被认为是继孔子、孟子之后的又一位儒学集大成者，被世人尊称为"朱子"。由于朱熹对儒家思想特殊的贡献，他逝世后成为唯一非孔子亲传弟子而享祀孔庙的儒者，位列大成殿十二哲之中，千百年来受到人们祭祀。

朱熹早年拜父亲朱松的同门好友李桐为师，成为伊川先生程颐的第四代弟子，继承并发展了程颐的学说。十八岁时，朱熹考中进士，三年后当上了泉州同安县主簿，并在那里聚众讲学。到了宋孝宗即位时，南宋王朝与北方女真族建立的金国矛盾进一步激化，朝廷上的主战派大臣要求北伐收复失地，还有一部分人则主张向金国进贡，从而换取暂时停战带来的安逸。此时初出茅庐的朱熹给宋朝皇帝上书，强烈地表达了反对与金国议和的意见。

此后，朱熹虽然多次被朝廷召见，但是由于他的思想与政治主张与朝中当权者相悖，因此不得不放弃仕途上的发展，转而开始讲学生涯，在传道、授业、解惑方面倾注自己的精力。

朱熹十分重视对后学的教育，曾经亲手创办了云谷、寒泉、武夷等书院，并将早已废弃数百年的白鹿洞书院进行了重建。他亲自任白鹿洞书院的洞主，延请众多当时名儒作为书院的老师，又购进了许多图书供书院学子阅读。同时，他置办学田，将学田所得的收入用来资助家庭贫困的学子。尤令人称道的是，他为书院订立的以儒家理学思想为核心的学规《白鹿洞书院学规》不仅影响了中国后续七百年书院办学的模式，更成为了世界教育史上最早的教育规章制度之一。

朱熹认为“理”是世界的基础和本源。我们可以简单地理解为，世界上存在着各种不同的事物，而每种事物本身都蕴含着看不见、摸不着、非常玄妙的真理，这个真理便叫作“理”。曾经有一个弟子问朱熹：“老师，世界上一切东西真的都有您所说的那个‘理’吗？”朱熹对他说：“有啊！甚至我们脚下踩的这块砖头、我们坐的这只竹椅，都是有‘理’存在其中的呢！”朱熹曾经说过，“理”就像天上的月亮，明亮的月光照着大地上的每一条河流。每一条河流中都会映照出月亮的影子，但是我们绝不能说那些河流中的月影都是月亮，月亮终究只有一个，那就是挂在天上的那个。同样，世界上的万事万物都蕴含着“理”，但不同事物的“理”却都是一致的。

朱老夫子的说法，使得我们不禁发问：我们如何才能知晓这个“理”呢？方法看起来很简单，那就是：怀着一颗认真、严肃的心去专心致志地体察事物，从而探索出这种事物的原理与规律，古人把这个过程叫作“格物致知”。但是，格物致知仅仅是让人知晓了这个“理”，朱熹认为这远远不够，我们还应当将这个“理”应用到实践中去，并且要克服自己心中不正确的想法（即“存天理，灭人欲”），从而使自己的行为与“理”相一致，最终成为一个拥有完美道德的圣人。

朱熹的学识十分渊博，对经学、史学、道教、佛教以及科学技术（他曾熟读过北宋沈括的科技笔记《梦溪笔谈》）等方面的知识都极为了解，有的甚至已经达到当世无双的精深程度。而这样伟大的成就与他坚持不懈、勤勉治学的精神是分不开的。他一生无日不读书，著述亦颇丰，据统计，他的全集多达一千二百万字，其勤奋程度可见一斑。他曾经作过一首《劝学诗》：“少年易老学难成，一寸光阴不可轻。未觉池塘春草梦，阶前梧叶已秋声。”以此来勉励学生们珍惜时间、用功读书。千百年来，无数学子把它当作座右铭，时时用来激励自己。

中国古典文学名著《红楼梦》上有这样一个有趣的情节：贾宝玉的父亲贾政要去外地做官，离别时要求宝玉在他回家之前把“四书”背熟。然而，宝玉却早把父亲的嘱咐抛诸脑后，在父亲离开的日子里只知道在大观园里和姐妹们玩耍。过了好长一段时间，父亲派人回来通知不日即将到家，准备检查宝玉的功课。宝玉听到这个消息后，心中极为惶恐：“肚子内现可背诵的，不过只有“学”“庸”“二论”是带注背得出的。至上本《孟子》，就有一半是夹生的，若凭空提一句，断不能接背的；至“下孟”，就有一大半忘了。”在此，贾政所谓的“四书”指的是《大学》《中庸》《论语》《孟子》，而书中的“注”，即注解，则是由朱熹完成的。

程子曰："学者须将《论语》中诸弟子问处便作自己问，圣人答处便作今日耳闻，自然有得。虽孔、孟复生，不过以此教人。若能于《语》《孟》中深求玩味，将来涵养成甚生气质！"

二程、朱熹等理学家认为，这四部书是学习儒家思想最为关键的著作。通过对"四书"的研习，并将书中孔子、孟子等圣贤所论述的做人、做事的道理踏踏实实、一丝不苟地付诸实践，就可以一步步地达到自身品质的完善、家庭的和谐、国家的繁荣有序，直至天下的和平安定。但是，由于这四部书都是先秦时期的著作，而且含义非常丰富、深邃，所以人们对于书中的很多内容难以达到深入、准确的理解。

因此，朱熹从年轻的时候便开始了对"四书"的注释工作，希望通过自己的努力，不仅使书中的内容能够被无障碍地理解，更重要的是，要使书中所表达的儒家思想得到相对准确、完备的阐发。朱熹把这项工作看成他一生中最重要的一项事业，在以后数十年的人生历程中，他始终处在对其思考、注释、修改的循环中。甚至，在临死前一天，病榻上的朱熹突然想到《大学》中的一处注释还不够准确，赶忙勉强坐起，将其中的几个字做了改动，然后才敢躺下。就这样，穷尽朱熹一生之力的儒家思想集大成之作《四书章句集注》（简称《四书注》）最终完成了。

晚年的朱熹，由于长年累月的读书、著述，眼疾愈加严重，甚至有一只眼睛完全失明。而昏庸无道的南宋朝廷，认为朱熹的思想主张不利于自己的统治，于是下令将朱熹的学说定为"伪学"严禁传播。朱熹本人和他的众多门人弟子都遭到了残酷的打击，朝廷中的反对者对他们更是信口污蔑，安上了许多“莫须有”的罪名。在这种情况下，《四书章句集注》和朱熹的其他著作，也成为了禁书。

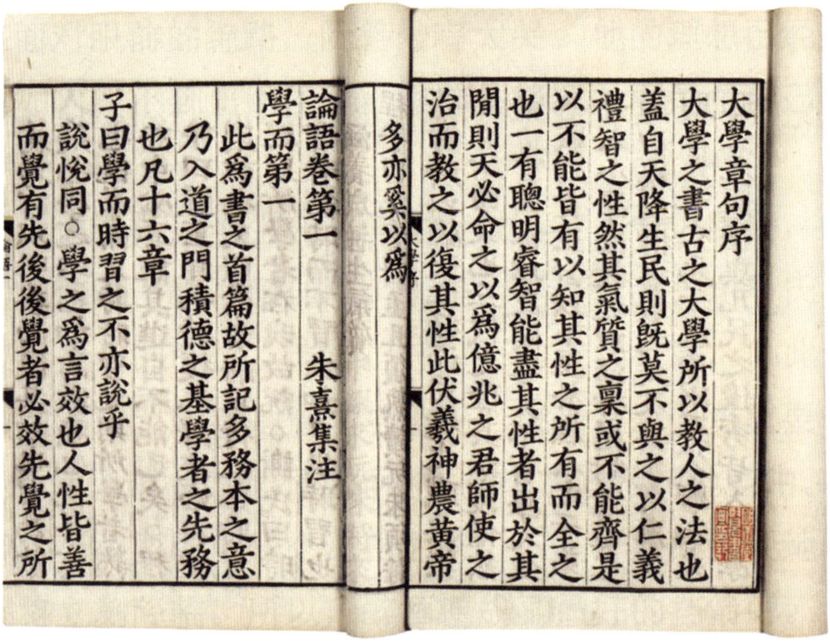
大學章句序
大學之書古之大學所以教人之法也
蓋自天降生民則既莫不與之以仁義
禮智之性然其氣質之稟或不能齊是
以不能皆有以知其性之所有而全之
也一有聰明睿智能盡其性者出於其
閒則天必命之以爲億兆之君師使之
治而教之以復其性此伏羲神農黃帝

多亦奚以爲

論語卷第一　朱熹集注
學而第一
此爲書之首篇故所記多務本之意
乃入道之門積德之基學者之先務
也凡十六章
子曰學而時習之不亦說乎
說悅同。學之爲言效也人性皆善
而覺有先後後覺者必效先覺之所

《四书章句集注》书影

然而在朱熹逝世后，这部著作越来越得到人们的重视。到了元朝，朝廷恢复科举考试，规定所有参加科举的士子必须以《四书章句集注》作为自己应试的依据，随后的明朝和清朝也延续甚至强化了这一政策。这样一来，此书就成为了此后七百年封建社会的官方教科书，当时凡是想要考取功名、走入仕途的学子，都必须按照

朱熹去世的消息传出时，其生前好友、爱国词人辛弃疾十分悲痛，作《感皇恩·读〈庄子〉闻朱晦庵即世》一词悼念：“案上数编书，非《庄》即《老》。会说忘言始知道，万言千句，不自能忘堪笑。今朝梅雨霁，青天好。一壑一丘，轻衫短帽。白发多时故人少。子云何在，应有《玄经》遗草。江河流日夜，何时了！”当时朝廷下令禁止士人参加朱熹葬礼，但辛弃疾却执意亲自前往吊唁，并撰写祭文：“所不朽者，垂万世名；孰谓公死，凛凛犹生。”

朱熹的注解来解释这些儒家经典。朱熹的思想从此在士人中一直占据着最为重要的地位。与之相应，它同时也被历代统治者所利用，成为当时官方加强思想统治的工具，直至清朝末年废除科举为止。

晚清时期曾出了一个著名的人物，他的为人、做事的大智慧一直为后人所称道，甚至被他的崇拜者们称为在“立德、立功、立言”三个方面都有建树的圣人。他就是曾国藩。

《左传》记载，春秋时鲁国大夫叔孙豹出使晋国，他提出：“太上有立德，其次有立功，其次有立言，虽久不废，此之谓不朽。”后人将“立德”“立功”“立言”称为“三不朽”。“立德”，即树立高尚的道德；“立功”，即为国为民建立功绩；“立言”，即提出具有真知灼见的言论。“三不朽”一直是中国士人追求的最高理想。

然而，少年时的曾国藩不过是一个普通人，甚至有些迟钝。相传有一天晚上，有一个小偷悄悄潜入曾国藩的房间准备行窃。正在这时，曾国藩放学归来，小偷见状急忙藏了起来。曾国藩并没有注意到他，进了屋子就拿起课本背书。曾国藩对课本上的《岳阳楼记》反复朗读，苦恼的是，一直到了深夜也没有背诵下来。这可苦了那个小偷，他不知道这个少年何时才能背完睡觉，自己好逃脱出去。不知不觉间，已经到了后半夜，不堪忍受的小偷大怒，跳到曾国藩面前，拿过他手中的书“啪”地摔在地上，吼道：“就你这么笨，还读什么书？我偷偷地听都听会了，你却还没背下来！”说完很流利地把文章一字不差地背了下来，然后扬长而去。曾国藩直直地看着小偷，羞愧难当……

后来，凭着踏实认真的精神和坚持不懈的努力，曾国藩考中了进士，从此开始了他在京城的仕宦生涯。在京城，他结识了一批拳拳服膺（yīng）于程朱理学的大儒，如唐鉴、倭仁、吴廷栋等。他以唐鉴为师，谦恭地向唐鉴讨教做人、修身的学问。唐鉴对他说："你应当把《朱子全书》作为自己最重要的书籍，认认真真地将这本书读熟，然后一丝不苟地去做，将书中的话应用到自己的生活中去。可不能只是随便翻翻而已啊！"曾国藩听到这一番话后触动很大，下定决心要脱胎换骨，从内到外改变自己，做一个"新人"，并为自己起了一个新的称谓"涤生"，意为"洗心革面的新人"。就这样，他走上了践行程朱理学的道路。他认真学习朱熹等人的著作，给自己设定了十二条道德、学业、养生等方面的要求，并每天晚上记日记，检讨自己是否达到了这些要求。同时，曾国藩常常与志同道合的朋友在一起交流彼此在理学方面的见解，然后互相批评、督促。日复一日，年复一年，曾国藩始终没有放弃过对自己的要求，一直都在不懈地用这种理学修身方法砥砺自己。在以后三十余年的官场生涯中，他正是凭着这些，始终没有迷失自我，不仅道德、学问令人景仰，事业和功绩也让无数后人钦佩。梁启超先生曾评价说：“曾文正者，岂唯近代，盖有史以来不一二睹之大人也已；岂唯我国，抑全世界不一二睹之大人也已。”

曾国藩日课十二条：

一、主敬：整齐严肃，清明在躬，如日之升；

二、静坐：每日不拘何时，静坐四刻，正位凝命，如鼎之镇；

三、早起：黎明即起，醒后不沾恋；

四、读书不二：一书未完，不看他书；

五、读史：念二十三史，每日圈点十页，虽有事不间断；

六、谨言：刻刻留心，第一工夫；

七、养气：气藏丹田，无不可对人言之事；

八、保身：节劳，节欲，节饮食；

九、日知其所无：每日读书，记录心得语；

十、月无忘其所能：每月作诗文数首，以验积理的多寡，养气之盛否；

十一、作字：饭后写字半时。凡笔墨应酬，当作自己课程。凡事不待明日，取积愈难清；

十二、夜不出门：旷功疲神，切戒切戒。

三、一生伏首拜阳明

明之中叶王阳明出，中兴陆学，而思想界之气象又一新焉。

——蔡元培

公元1175年，即南宋淳熙二年，在江西省上饶市鹅湖山的一座寺庙当中，一场轰动当时也极大地影响了后世的“学术会议”在这里召开，当时最负盛名的两位大儒——朱熹和陆九渊在此讲道、辩论。这次辩论十分激烈，二人唇枪舌剑、互不相让。朱熹坚持自己的主张，认为一定要首先观察这个世界上的事物，然后才能归纳出一个唯一的真理。而陆九渊则说：“整个宇宙、整个世界其实就是我的心，我的心就是整个世界、整个宇宙！”这场开了数天的“学术会议”，虽然最终也未能让朱、陆二人互相说服彼此，但它所带来的思考与争论却深刻地影响了后世的思想领域。这次会议被称作“鹅湖之会”，它标志着宋明理学两个学派的正式确立，即“程朱理学”和“陆王心学”。其中，“程朱”自然指的是二程和朱熹，“陆”则指陆九渊，那么“王”又是指的谁呢？答案是：王守仁。

陆九渊，号象山先生，南宋著名哲学家、教育家，与当时著名的理学家朱熹齐名，史称“朱陆”。他独树一帜，创立“心学”，认为应“先发明人之本心，而后使之博览”，“心即理”，反对在读书穷理方面过多地费工夫。

王守仁，字伯安，别号阳明，因此世人多称之为王阳明，将他的心学思想称为“阳明心学”。王守仁的经历，说来颇具有传

奇性。

年轻时，王守仁曾向当时著名的大儒娄谅请教学问。当娄谅向他讲授程朱理学“格物致知”的道理后，他十分开心，认为自己很快就会了解天地间最根本的道理了。随后，他开始遍读朱熹的著作，并着手实践其中的理论。朱熹曾经说过，即使是一草一木，它们的身上也是蕴含着大道理的。为了探究这些大道理，有一天王守仁和一位姓钱的朋友作出了一个决定：一同坐在院中观察、探究庭前的竹子，直到从竹子中悟出宇宙间的大道理。然而，由于无日无夜的久坐思考和室外风寒的侵袭，他的朋友到了第三天就病倒了，而他自己也在坚持了七天七夜后生了一场大病，再也不能继续下去。于是王守仁在感慨求道艰难的同时，也开始对朱熹“格物致知”的理论产生了巨大的怀疑。

王守仁画像

明朝正德年间，宦官刘瑾把持朝政，一手遮天。王阳明因反对刘瑾对朝中清流的迫害而触怒刘瑾，在朝堂上被打了四十大板后被贬谪到贵州龙场驿站做驿丞。在王守仁前往龙场的路上，刘瑾还暗中派人跟踪追杀。情急之下，王守仁伪造出自己跳水自杀的假象骗过了刘瑾，这才逃过一场死劫。龙场环境恶劣，王守仁在这里的生活十分艰苦。但是，这里地处偏僻，远离京城的名利是非，很利于静下心来思考。于是，王守仁就在这艰苦但却安静的地方，日夜潜心于对过去的反省和对终极真理的探求。多年经历的屈辱与磨难、与死神擦肩而过的惊险、从前途无量的京城俊杰到毫无出路的边地驿丞之间的身份转换……这一切不同寻常的人生经历带来的思考，反复地在他的头脑中激荡。终于在一天夜里静坐的时候，他感觉胸中一直以来蕴结的那些疑问，在一瞬间豁然而通。曾经充满了压抑与焦虑的头脑，变得空旷，简直就像能够听见人的脚步声的山谷一般。此时，一直以来困扰他的疑惑突然之间全部有了答案。这是中国哲学史上的著名事件，史称“龙场悟道”。

王阳明在龙场悟道的“阳明小洞天”

通过这次悟道，王守仁认识到，心是世间万物的根本，万事万物都是心的产物；要探寻出宇宙间的“理”，何必一直在某一件事物上反复推求（就像之前自己对竹子的苦苦思考）呢？只需要回过头来反省自己的内心就足够了，因为宇宙万物都在自己的心中，宇宙中的“理”也是如此。王守仁还认为，一个人的良知是最重要的，良知就是心（所谓“良心”），良知就是天理，良知就是判断宇宙万物的法则。人应当反省自己的内心，探求自己的良知，并将良知发扬、推广到自己一切所作所为和宇宙间的万事万物上，将“知”与“行”合而为一，即“知行合一”。

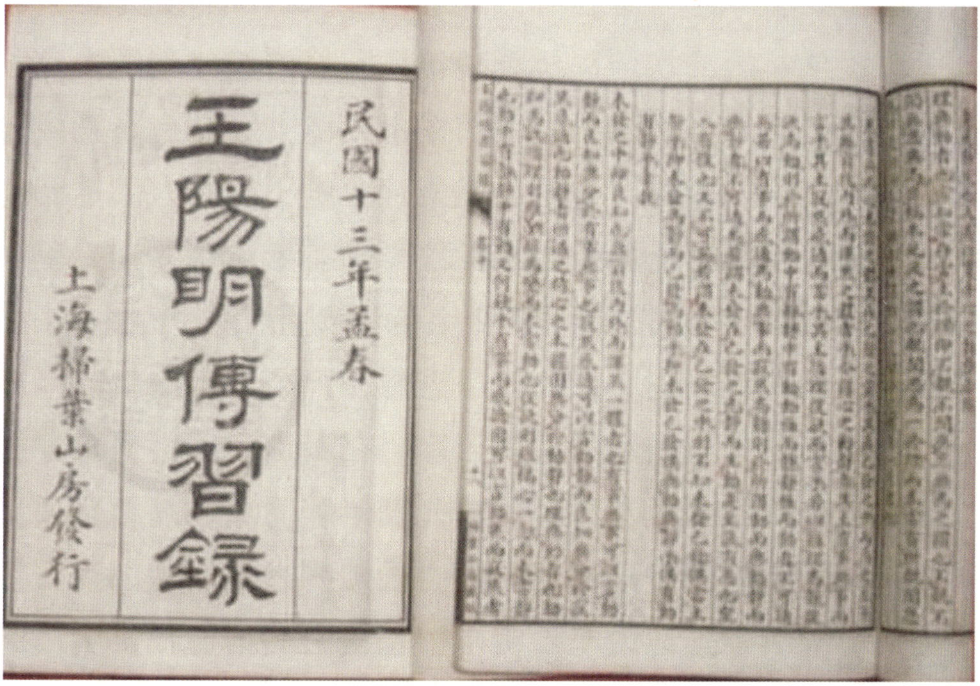
民国十三年孟春
王陽明傳習錄
上海掃葉山房發行

《传习录》书影

《传习录》是王阳明的问答语录和论学书信集，由弟子徐爱、钱德洪辑录。“传习”两个字出自《论语》：“吾日三省吾身：为人谋而不忠乎？与朋友交而不信乎？传不习乎？”此书记载了王守仁对于“致良知”“知行合一”“理在心内”等哲学观点的回答，是研究、学习阳明心学思想的基本著作，堪称王门圣书、心学经典。国学大师钱穆曾称赞之为“中国人必读的书”。

王守仁自己本人便是“知行合一”的典范。在宦官刘瑾倒台后，王守仁重新得到任用，被提拔为都察院左佥（qiān）都御史。在任内，他巧妙地运用谋略平定了猖獗的江西匪患。明朝正德十四年（1519 年），宁王朱宸（chén）濠（háo）谋反，消息传到北京，满朝文武都震惊不已。王守仁得到叛军作乱的消息后，立刻组织义军，并采取多种手段干扰宁王的军事行动。之后，王守仁避实就虚，绕道攻击叛军防备空虚的老巢南昌，接着与回师救援的叛军进行决战，大获全胜，生擒叛军首领宁王。在这些战役中，王守仁表现出的高超军事谋略得到了无数世人的称赞，被誉为“军神”。

王阳明早年颠沛坎坷，及至晚年，不仅修炼成为继朱熹之后对中国影响最大的一代鸿儒，还在军事上建立了赫赫事功，可谓是文武双全。正因如此，他的后世崇拜者颇不乏其人。革命先驱孙中山先生对其理论反复引述，著名教育家陶文濬（jùn）更是因对他“知行合一”主张的崇拜而更名为“陶行知”。

值得一提的是，王守仁的心学思想在几个世纪前就乘坐一叶扁舟，传播到了一衣带水的邻邦日本。在日本，无数青年，如倒幕领袖西乡隆盛、久坂玄瑞，明治元勋伊藤博文、高杉晋作，三菱创始人岩崎弥太郎等，都朝夕潜心于阳明心学，视之为人生的指路明灯。毫不夸张地说，阳明心学直接影响了近代日本，对于日本的崛起起到了很大的推动作用。

公元1529年，刚从两广总督任上告老辞官的王守仁坐上了回乡的客船。此时的王守仁已经被严重的肺病折磨得气息奄奄。临终之际，守候在他身边的弟子问他：“先生是否还有什么遗言？”阳明先生此时用手指着自己的心，沉缓却又慷慨地说

公元1905年，日本海军大将东乡平八郎率领处于劣势的日本舰队在日俄战争中全歼俄国舰队，成为了日本家喻户晓的人物。由于他在战争中的优异表现，日本天皇任命他为海军军令部部长，并为他举行了庆功宴会。在这次宴会中，他向众人展示了自己的腰牌，上面写着七个大字：一生伏首拜阳明。

道："此心光明，亦复何言！"随后不久，这位大儒即安详地闭上了眼睛。

延伸阅读：

1.（宋）朱熹、吕祖谦《近思录》

本书由朱熹和当时另一位理学大儒吕祖谦共同编纂，主要记载了周敦颐、张载、二程等理学先驱的重要论述，内容涉及理学基本概念、治学修身方法以及为人处世原则等方面，精辟而且深入，与《四书章句集注》同为程朱理学的核心著作。

2.《朱子语类》

与《论语》相似，本书为朱熹与其弟子答问的语录汇编。但或许是因为宋朝时文字记录较春秋时期容易，本书内容远比《论语》繁杂，足有一百四十卷之多，非专业研究者似无必要通读。该书从各个角度极为生动地还原了一代理学大师的真实面貌，以致读者在沉下心来阅读时，常常产生一种身临其境的幻觉，仿佛自己就是其中一位弟子，坐在下面谦恭地聆听着朱老夫子的教诲。

3.当年明月《明朝那些事儿第三部：妖孽宫廷》

如果觉得直接阅读《传习录》或《王文成公全书》太过吃力，不妨以当年明月的历史小说作为入门。这部小说真正做到了作者所说的"把历史写得很好看"，以致在前些年带动起好一阵"大众明史"热潮。作者不吝笔墨，将王守仁的生平、家世背景以及当时的历史大环境进行了极为详尽的描述，并结合历史，深入浅出地解读了其心学思想，通俗而又不失严谨。

结　语

《易传》中有一句话："君子以多识前言往行，以蓄其德。"就是说，我们应当多多了解、学习古人的嘉言懿行，以此增长见识，提高自己的修养。这本读物，从远古时期伏羲画卦的传说开始讲起，终止于明朝大儒王阳明的心学思想，意在使读者们对于中国古代的众多贤哲及其思想学说有一个初步的了解。但是，仅仅了解是远远不够的，读者真正应该做的是，从古人的思想中得到一些灵感与启发，以之武装自己的头脑，并将这些思想应用到自己的实际生活当中，使之最终成为解决问题的有力工具。

参考文献

[1] 张岂之．中国思想文化史．北京：高等教育出版社，2006.

[2] 曾长秋，周含华．中国思想通史纲要．长沙：湖南人民出版社，2013.

[3] 冯友兰．中国哲学简史（修订译本）．天津：天津社会科学院出版社，2005.

图书在版编目（CIP）数据

中国思想浅话 / 北京尚达德国际文化发展中心组编. — 北京：中国人民大学出版社, 2016.10
（中华传统文化普及丛书）
ISBN 978-7-300-23504-2

Ⅰ. ①中… Ⅱ. ①北… Ⅲ. ①思想史－中国－通俗读物 Ⅳ. ①B2-49
中国版本图书馆CIP数据核字(2016)第238578号

中华传统文化普及丛书
中国思想浅话
北京尚达德国际文化发展中心 组编
Zhongguo Sixiang Qianhua

出版发行	中国人民大学出版社		
社　　址	北京中关村大街31号	**邮政编码**	100080
电　　话	010-62511242（总编室）		010-62511770（质管部）
	010-82501766（邮购部）		010-62514148（门市部）
	010-62515195（发行公司）		010-62515275（盗版举报）
网　　址	http：//www.crup.com.cn		
	http：//www.ttrnet.com（人大教研网）		
经　　销	新华书店		
印　　刷	北京瑞禾彩色印刷有限公司		
规　　格	185mm×260mm　16开本	**版　　次**	2016年10月第1版
印　　张	7.25	**印　　次**	2018年 4 月第2次印刷
字　　数	68 000	**定　　价**	29.80元
